gemeinde leben

Herausgegeben von
Klaus Vellguth

Sigrid Krämer / Christine Kreutz

FAMILIENGOTTESDIENSTE IM ADVENT

Einfach Advent feiern

HERDER

FREIBURG · BASEL · WIEN

www.herder.de

Umschlagmotiv: Auf der Basis eines Bildes von getty images, © getty images, bearbeitet von Weiß-Freiburg GmbH

Gesamtgestaltung: Weiß-Freiburg GmbH – Graphik & Buchgestaltung
Herstellung: Himmer AG, Augsburg

Gedruckt auf umweltfreundlichem, chlorfrei gebleichtem Papier
Printed in Germany

ISBN 978-3-451-32406-2

INHALT

VORWORT

Einfach Advent feiern – diese schlichte Aussage war uns in der Entstehungszeit des Buches Programm.

Einfach Advent feiern verstehen wir als Gegenpol zu der übertriebenen Lichter- und Glitzerwelt, die schon lange vor der eigentlichen Adventszeit in unseren Fußgängerzonen und Geschäften aufdringlich blinkt. Die vorliegenden Gottesdienste sind schlicht gestaltet, ohne die Merkmale einer kindgerechten Liturgie außer Acht zu lassen.

Advent einfach feiern meint aber auch, diese geprägte Zeit in einer Selbstverständlichkeit und Unverstelltheit zu begehen, wie wir es von unseren Kindern her kennen: Unkompliziert es einfach tun.

Advent feiern – ja, wenn das so einfach wäre! Wir wissen um den Spagat zwischen dem, was in dieser Zeit insbesondere bei Familien nun einmal ansteht und dem, wie man sich Adventszeit eigentlich wünscht. Die Gottesdienste besinnen sich auf Haltungen, die uns für den Alltag stärken und uns erwartungsvoll durch den Advent gehen lassen.

Wir würden uns freuen, wenn unser Buch dazu beiträgt, dass Gemeinden in froher und aufbauender Weise Advent feiern können, und möge es all denen einfach Adventszeit verschaffen, die als Haupt- oder Ehrenamtliche für die Gestaltung dieser Feiern zuständig sind!

Sigrid Krämer und Christine Kreutz

THEMATISCHE EINFÜHRUNG

Advent

Der Advent ist eine christliche Zeitangabe. Er unterscheidet sich inhaltlich grundlegend von der gesellschaftlichen und kommerziellen Vorweihnachtszeit. Ursprünglich war der Advent eine Fastenzeit, vergleichbar der österlichen Bußzeit: eine Zeit der guten Werke, der Umkehr und der Besinnung auf das Wesentliche. Die biblischen Texte und die auf sie fußenden traditionellen kirchlichen Adventslieder thematisieren in eindrücklicher Weise die Sehnsucht des Menschen nach Heil und Heilung; der Heiland der Welt wird nicht nur erwartet, er wird aus der Tiefe menschlicher Not herbeigefleht.

Das hat wenig gemein mit den scheinbar stimmungsvollen Inszenierungen der Geschäftswelt, auch nicht mit der Vorstellung einer irgendwie heimeligen, gemütlichen Zeit mit Plätzchenduft und Kerzenschein. Und dennoch: Es ist schon viel gewonnen, wenn Raum und Zeit bleibt für eine „traditionelle" Adventsgestaltung am Adventskranz, mit Besuchen und guten Taten, mit Singen und Basteln. Wir können uns dabei in wesentliche Haltungen des Advents einüben: innehalten und umkehren, erwarten und freuen, begegnen und trösten.

Der Advent lädt uns ein, uns anstecken zu lassen von der Sehnsucht nach Heil und uns immer wieder neu bereit zu machen für die Ankunft Jesu in unserem Leben.

Familiengottesdienste

Liturgie ist von ihrem Ursprung her ein öffentliches Geschehen. Gottesdienst feiert keine exklusive Gesellschaft, sondern „die ganze Gemeinde". Dieser Anspruch darf gerade in Familiengottesdiensten nicht zu kurz kommen. Auch wenn diese Gottesdienste so gestaltet sind, dass Kinder in ihnen besonders angesprochen werden, sollten deren Mütter und Väter ebenso wie Seniorinnen und Senioren, Jugendliche, Alleinstehende, ... als Mitfeiernde ernst genommen werden. Viele sind auf der Suche nach anregenden, lebendig gestalteten Feiern, die auch in den Alltag ausstrahlen. Wir haben als Zielgruppe die gesamte Gottesdienstgemeinde im Blick. Dennoch ist es wichtig, in die Vorbereitung Familien mit einzubeziehen. In den hier zusammengestellten Messfeiern wirken meist Kinder im Grundschul-, konkreter noch im Kommunionalter in besonderer Weise mit, was hinsichtlich der Lese- und Ausdrucksfähigkeit auch sinnvoll ist. Gerade in Gottesdienste mit vermehrten Bewegungselementen können aber auch schon jüngere Kinder gut einbezogen werden. Nicht zuletzt kann Familienpastoral bedeuten, Väter und Mütter für die Anforderungen des Alltags zu stärken. Daher finden sich in diesem Buch auch Vorschläge, die sich inhaltlich mehr an Jugendliche und Erwachsene richten.

Vorbereitung

Die hier zusammengestellten Entwürfe halten den Vorbereitungsaufwand gering. Dieser beschränkt sich meist darauf, Materialien, die in der Regel im Fundus einer Pfarrei vorhanden sind, bereitzustellen, Kopien anzufertigen und Mitwirkende im Vorfeld einzubinden. Die Feiern sollen nicht zu Aufführungen werden, bei denen der Gemeinde „etwas geboten" wird. Vielmehr eröffnen sie die Chance, unterschiedliche Fähigkeiten einer Gemeinde einzubringen und die Verantwortung aller für die Liturgie ernst zu nehmen. Ein Vorbereitungskreis sollte überlegen, welche Gruppe der Pfarrei die eine oder andere besondere Aufgabe übernehmen kann. Materialien sollten frühzeitig besorgt und bereitgelegt werden. Selbstverständlich müssen im Vorfeld eines Gottesdienstes die Texte und Methoden auf die Einsetzbarkeit in der jeweiligen Gemeinde hin überprüft werden.

Biblische Lesungen

Die biblischen Lesungen stehen im Mittelpunkt unserer Wortgottesdienste. Mit Ausnahme des Gottesdienstes zum „Adventskranz" stellen sie den Ausgangspunkt unserer Katechesen dar. Bezieht sich die Katechese auf die Lesung, halten wir es für sinnvoll, dass sie auch im Anschluss an diese vor dem Evangelium stattfindet.

Die Bibeltexte entsprechen der Einheitsübersetzung und sind zum Teil der Leseordnung für die Adventssonntage entnommen, zum Teil wurden sie thematisch ausgewählt.

Die vier Adventssonntage stehen über alle Lesejahre hinweg jeweils unter einem bestimmten Grundgedanken. Obwohl einige Gottesdienste in diesem Werkbuch einem konkreten Sonntag eines Lesejahres zugeordnet sind, ist es relativ leicht möglich, den Grundgedanken aufzunehmen und sich von dem hier vorgestellten Modell für den betreffenden Sonntag auch in einem anderen Lesejahr inspirieren zu lassen.

Katechesen

Es ist uns ein Anliegen, die Gottesdienstgemeinde in ihrem Bewusstsein als Trägerin der Liturgie zu bestärken und zur aktiven Teilnahme anzuregen. Die Katechesen leben vom Mitmachen. So manche Anregung dazu mag für die eine oder andere Gemeinde ungewohnt und schwierig erscheinen, wie z. B. Murmelgruppen oder Schreibmeditation. Dennoch möchten wir dazu ermutigen, es „einfach" einmal zu versuchen.

In den hier zusammengestellten Modellen haben wir nach Möglichkeiten gesucht, Kinder aller Altersstufen in die Gestaltung mit einzubeziehen. So gibt es zunächst in allen Gottesdiensten Texte zum Vorlesen. Darüber hinaus finden sich kleine Anspiele, die ohne großen Probenaufwand dargestellt werden können, Bewegungs- und Gestaltungselemente, visuelle Impulse und meditative Denkanstöße.

Lieder

Elementar für das Mitfeiern der Gemeinde ist das Mitsingen der Lieder. Die Liedauswahl sollte aus diesem Grund möglichst viele ansprechen. In Familiengottesdiensten spielt das neue geistliche Liedgut mit seinen rhythmischen Melodien und zeitgemäßen Texten eine besondere Rolle. Schon Vorschulkinder können sich über einfache Lieder in die Gottesdienste einbringen. Im „Lichtgottesdienst" machen wir den Vorschlag, ein Liedblatt zu gestalten, das zum gemeinsamen Singen mit nach Hause genommen werden kann. Wenn die Neuen Geistlichen Lieder von einer Musikgruppe begleitet werden können, trägt dies sicherlich zu lebendigen Gottesdiensten bei. Die angegebenen Liedvorschläge sollten mit dem bekannten Liedgut einer Pfarrei abgestimmt werden, damit die Gemeinde nicht mit zu vielen neuen Liedern überfordert wird.

Darüber hinaus möchten wir aber auch Liedern aus dem Gotteslob einen Platz in Familiengottesdiensten einräumen. Gerade die traditionellen Adventslieder tragen mit ihren gehaltvollen Texten und Melodien zu einem tieferliegenden Verständnis des Advents bei. Lieder wie „Macht hoch die Tür" oder „O Heiland reiß die Himmel auf" gehören für uns zum Advent schlicht und ergreifend dazu.

Da im Advent nicht nur die Lichter am Kranz, sondern auch die Strophen der sie begleitenden Lieder wachsen, haben wir immer alle Strophen abgedruckt. So bleiben die Lieder für jeden Sonntag einsetzbar. Vielleicht entdeckt die eine oder andere Gemeinde ja auch „ihr“ Adventslied, das jede Woche wie der Kranz um eine Strophe wächst.

Kommunionfeier

Die Kommunionfeiern sollen den offiziellen liturgischen Büchern entnommen werden; darüber hinaus bieten sich die Vorlagen für Messfeiern mit Kindern an. Zusätzlich machen wir ergänzende Gestaltungsvorschläge für die Eucharistiefeier. Wenn möglich, sollten Kinder zum Vaterunser, das auch mit Gesten gebetet werden kann, um den Altar versammelt werden.

Anregungen für die Woche

Die Anregungen für die Woche, die am Ende eines jeden Gottesdienstes angegeben sind, können dazu beitragen, als Familie oder allein über die sonntägliche Eucharistiefeier hinaus einen Weg durch den Advent zu gehen und auch im Alltag einfach Advent zu feiern.

Abkürzungen

L: Leiter/-in des Gottesdienstes
(bei Gottesdiensten mit Eucharistiefeier: der Priester)
K: Leiter/-in der Katechese
V: Vorbeter/-in
A: Alle

GL: Gotteslob
TROU: Troubadour für Gott, Neue Geistliche Lieder, Kolping Bildungswerk Würzburg
DIR: Dir sing ich mein Lied, Das Kinder- und Familiengesangbuch, Schwabenverlag, Ostfildern 2006

KURZZITATE

Mach's wie Gott, werde Mensch!
Franz Kamphaus

Halt an, wo läufst du hin? Der Himmel ist in dir.
Suchst du Gott anderswo, du fehlst ihn für und für.
Angelus Silesius

Freu dich mit mir!
Es ist so traurig, sich allein zu freuen.
Gotthold Ephraim Lessing

Die Verwandlung der Welt beginnt mit meiner Einstellung.
Ullrich Schaffer

Alles wirkliche Leben ist Begegnung.
Martin Buber

Heute besuch ich mich – hoffentlich bin ich daheim.
Karl Valentin

Nimm dir jeden Tag eine halbe Stunde Zeit zum Gebet, außer wenn du sehr viel zu tun hast, dann nimm dir eine Stunde Zeit.
Franz von Sales

Eine Gefängniszelle ist ein ganz guter Vergleich für die Situation des Advent: Man wartet und hofft und tut dieses oder jenes; aber die Tür ist verschlossen und kann nur von außen geöffnet werden.
Dietrich Bonhoeffer

Advent ist die Zeit der Erschütterung.
Alfred Delp

DER ERSTE ADVENTSKRANZ – LICHT FÜR JEDEN TAG

GOTTESDIENST AM BEGINN DER ADVENTSZEIT MIT SEGNUNG DES ADVENTSKRANZES

ZIELGRUPPE:

Sonntagsgemeinde (Vorbereitung mit dem Familiengottesdienstkreis, Grundschul- und Kindergartenkindern)

MATERIALIEN:

- ❑ *Kopien der vorzulesenden Texte*
- ❑ *Liederbücher bzw. Liedblätter*
- ❑ *Kranz bzw. Reifen, Durchmesser ca. 100 cm*
- ❑ *Tannenzweige für entsprechenden Adventskranz*
- ❑ *Korb*
- ❑ *Vier dicke, weiße Kerzen („Sonntagskerzen")*
- ❑ *ca. 20 kleine rote Kerzen bzw. Teelichter („Werktagskerzen")*
- ❑ *Weihwasser*
- ❑ *Blumendraht*
- ❑ *eine dünne Holzplatte oder ein fester Karton, etwa 1,20m x 1,20m*
- ❑ *Vorschlag: Gestalten Sie eine Postkarte mit einem Adventskranz als Adventsgruß zum Verschicken.*

CHANCEN:

Sowohl in unseren Kirchen als auch in unseren Wohnungen ist der Adventskranz das augenfällige Zeichen für den Advent. Im Gottesdienst wird der Herkunft des Adventskranzes nachgegangen und seine Bedeutung für uns hervorgehoben.

HINWEISE:

- *Die Segnung des Adventskranzes lässt sich als eigenständiger Wortgottesdienst am*

Beginn der Adventszeit feiern oder in die Messfeier des ersten Advents integrieren.

- *Das Evangelium wird der Leseordnung für den ersten Adventssonntag des jeweiligen Lesejahres entnommen.*
- *Der Kranz, der während des Gottesdienstes nach dem Vorbild des ersten Adventskranzes gestaltet wird, sollte auf einer festen Unterlage zusammengestellt werden, damit er noch transportiert werden kann. Der Kranz sollte im Anschluss an den Gottesdienst mit einigen Kindern und Erwachsenen mit Blumendraht zusammengebunden werden. Die Kerzen werden aufgesteckt bzw. befestigt.*
- *Falls es aus verschiedenen Gründen in einer Gemeinde nicht möglich ist, den Adventskranz innerhalb eines Gottesdienstes entstehen zu lassen, kann auch in gewohnter Weise ein Kranz vor dem ersten Advent hergestellt werden. Die einzelnen Bestandteile werden in diesem Fall beim Kyrie auf einem gesonderten Tuch vor dem fertig gebundenen Kranz gut sichtbar abgelegt. In der Gestaltungsphase nach der Geschichte „Der erste Adventskranz" werden dann lediglich die kleinen „Werktagskerzen" hinzugefügt.*
- *In den folgenden Adventsgottesdiensten sollte als Zeichen des wachsenden Lichts auch die entsprechende Anzahl der Werktagskerzen angezündet werden.*
- *Schön ist es, wenn alle Kinder bereits vor dem Gottesdienst einen grünen Zweig erhalten, den sie dann in der Gestaltungsphase verwenden.*

Am Eingang der Kirche kann jedem Kind ein Tannenzweig überreicht werden.

Lied zum Einzug

Macht hoch die Tür GL 110

Eröffnung

L: Lasst uns beginnen im Namen des Vaters, und des Sohnes, und des Heiligen Geistes. Amen.

Einführung

K: „Ein gutes neues Jahr!" können wir uns heute gegenseitig wünschen. Ja, ihr hört richtig, denn heute fängt ein neues Kirchenjahr an. Und jedes Kirchenjahr beginnt immer mit der Adventszeit. Aber vielleicht vermisst der eine oder die andere unter uns etwas hier vorne im Altarraum, etwas, das eigentlich immer im Advent in der Kirche seinen Platz hat!?

Die Kinder werden ermutigt, eine Antwort auf die Frage zu finden: Es fehlt der Adventskranz.

Ja, das ist richtig. Der Adventskranz fehlt heute. Den haben wir nicht vergessen, ganz im Gegenteil, wir werden ihn heute mit euch zusammen gestalten und nach seiner Bedeutung fragen.

Kyrie

Kinder zeigen beim Lesen der Texte einen Reifen bzw. Kranz, Tannenzweige und eine Kerze, die anschließend sichtbar abgelegt werden.

1. Kind: *hält einen Kranz/Reifen in der Hand*

In dieser kahlen und kalten Zeit suchen wir Nähe und Gemeinschaft.
Jesus, du kommst in unser Leben, um wegzunehmen, was trennt, und um uns miteinander zu verbinden.

Liedruf: Herr, erbarme dich DIR 39

2. Kind: *hält Tannenzweige in der Hand*

In dieser kahlen und kalten Zeit suchen wir Freude und Hoffnung.
Jesus, du kommst in unser Leben, um Trost und Wegweisung zu bringen.

Liedruf: Christ, erbarme dich DIR 39

3. Kind: *hält eine Kerze in der Hand*

In dieser kahlen und kalten Zeit suchen wir Wärme und Licht.
Jesus, du kommst in unser Leben, um die Welt liebevoller und heller zu machen.

Liedruf: Herr, erbarme dich DIR 39

Gebet

L: Herr, wir warten auf deine Ankunft. Komm in unsere dunkle und friedlose Welt. Mach uns offen und bereit, damit wir dich in unser Leben einlassen. Darum bitten wir dich durch Jesus, deinen Sohn, der mit dir lebt und uns liebt, heute und in Ewigkeit. Amen.

Hinführung

K: Wir haben hier Bestandteile eines Adventskranzes. Für viele ist es selbstverständlich, im Advent einen Adventskranz zu Hause zu haben. Aber warum eigentlich? Wer kam auf die Idee, solch einen Kranz aufzustellen? Hören wir vom ersten Adventskranz!

„Der erste Adventskranz" © Das Rauhe Haus, Hamburg, mit freundlicher Genehmigung des Verlages Agentur des Rauhen Hauses Hamburg 2008

Der erste Adventskranz

V: Den Adventskranz gibt es etwa seit 150 Jahren. Damals wohnte ein Pfarrer namens Johann Hinrich Wichern in Hamburg, der sich um Kinder und Jugendliche kümmerte, die keine Eltern hatten, die auf der Straße bettelten oder die sogar als Diebe ins Gefängnis kamen. Pfarrer Wichern ließ ein großes Haus so umbauen, dass er viele von diesen Kindern und Jugendlichen dorthin holen konnte. Sie durften in dem Haus wohnen, sie schliefen dort und bekamen zu essen. Außerdem erlernten sie einen Beruf. Sie wurden Schuhmacher oder Maler, Schneider oder Gärtner. So brauchten sie nicht mehr zu betteln oder zu stehlen, sondern konnten nun selbst ihr Geld verdienen. Dieses Haus hieß das „Rauhe Haus". Im Advent wurde im „Rauhen Haus" täglich eine Andacht gehalten. Dann versammelten sich alle Bewohner des Hauses, und Pfarrer Wichern erzählte von Advent und Weihnachten. Sie sangen auch viele Lieder. Da jeden Tag eine Kerze mehr angezündet wurde, nannten sie diese Andacht „Kerzenandacht". An Weihnachten dann standen auf einem Holzreifen vier große weiße Kerzen für die Sonntage und

dazwischen viele kleinere rote Kerzen für die übrigen Tage des Advents. Dieser große Holzreifen mit den Kerzen gefiel den Kindern sehr, und sie schmückten ihn im Laufe der Zeit noch mit Tannenzweigen. So gab es im „Rauhen Haus“ in Hamburg den ersten Adventskranz.
Viele Leute fanden diesen Kranz so schön, dass sie auch einen solchen Lichterkranz zu Hause haben wollten. Doch für einen Kranz mit über zwanzig Kerzen braucht man viel Platz. Und so wurden die kleineren Werktagskerzen weggelassen. Auf unseren Adventskränzen stehen daher nur vier dicke Kerzen, nämlich für jeden Adventssonntag eine.
Bis der Adventskranz aber in ganz Deutschland bekannt wurde, dauerte es noch lange. Erst vor rund siebzig Jahren wurde zum ersten Mal in einer katholischen Kirche in München ein Adventskranz aufgestellt.

Katechese

K: Wir wollen nun diesen ursprünglichen Lichterkranz miteinander gestalten.
Ich darf die Kinder nach vorne bitten, um einen Adventskranz nach dem Vorbild des „Rauhen Hauses“ zu legen.

Die Kinder bringen ihre Zweige mit und/oder nehmen sich aus dem bereitgestellten Korb Tannengrün.
Während die Kinder mit einigen Erwachsenen die Zweige zu einem Kranz legen und ihn mit den vier „Sonntagskerzen“ sowie den entsprechenden „Werktagskerzen“ schmücken, kann meditative Orgelmusik gespielt werden.

Segnung des Kranzes

K: In unserer Mitte steht ein schöner Adventskranz. Kerzen schmücken ihn. Mit unserem Gebet werden wir ihn nun segnen.

L: Guter Gott, du lässt uns Menschen in unserem Suchen nach Leben und Freude nicht allein. Darum schauen wir am Beginn dieses Advents auf zu dir, von dem wir alles erhoffen. Wir bitten dich: Segne diesen grünen Kranz und diese Kerzen. Sie sind ein Zeichen, dass du der Ewige bist; ein Zeichen, dass du das Licht bist, das alle Finsternis erhellen kann. Segne die Menschen, die sich um diesen Kranz versammeln und sich auf die Geburt Jesu freuen. Lass uns in der Liebe zu dir und untereinander wachsen und dich mit neuem Eifer suchen. Darum bitten wir durch Christus, unsern Herrn.

A: Amen.

(Segensgebet in Anlehnung an: Benediktionale, Segnung des Adventskranzes)

Lied

Wir sagen euch an den lieben Advent GL 115, 1. Strophe

Dabei wird die erste weiße Sonntagskerze angezündet.

Evangelium

vom ersten Adventssonntag des jeweiligen Lesejahres

Lied zum Credo

Wir glauben an den einen Gott GL 467

Fürbitten

L: Herr, unser Gott, viele Menschen sehnen sich nach Gemeinschaft und Nähe. Voll Vertrauen beten wir zu dir:

1. Für alle Kinder, Jugendliche und Erwachsene, die auf der Straße leben, die die Dunkelheit und Kälte einer langen Nacht und die abwertenden Blicke der Vorbeigehenden am Tag ertragen müssen. Gott, du Licht des Lebens –

A: Wir bitten dich, erhöre uns.

2. Für alle, die sich einsetzen für eine hellere und wärmere Welt, und die oft an die Grenzen ihrer Belastbarkeit stoßen. Gott, du Licht des Lebens –

A: Wir bitten dich, erhöre uns.

3. Für alle Jugendlichen, die keinen Ausbildungsplatz finden und die keine Perspektive für ihr Leben haben. Gott, du Licht des Lebens –

A: Wir bitten dich, erhöre uns.

4. Für alle, die sich um einen sinnvollen Advent bemühen. Gott, du Licht des Lebens –

A: Wir bitten dich, erhöre uns.

5. Für alle, die in diesen Tagen sterben werden und für jene, die um sie trauern. Gott, du Licht des Lebens –

A: Wir bitten dich, erhöre uns.

L: Herr, dein Licht sei uns Trost und Zuversicht, heute und alle Tage unseres Lebens. Amen.

EUCHARISTIEFEIER

Lieder

Zur Gabenbereitung: Das Licht einer Kerze, 1. Strophe (siehe Seite 73)
Sanctus: Heilig, heilig bist du Herr der Welten (im Kanon) TROU 225
Zum Friedensgruß: Trommle, mein Herz, für das Leben DIR 347

Anregung für die Woche

K: Wir werden nun eine Postkarte mit einem Adventskranz austeilen. Sie kann uns an die Geschichte von Pfarrer Wichern und seinem „Rauhen Haus“ erinnern. Wir laden alle ein, die Karte mit einem Adventsgruß an jemanden zu schicken.

Schlusslied

Menschen auf dem Weg durch die dunkle Nacht TROU 735

EINE HANDVOLL ADVENT

GOTTESDIENST AM ERSTEN ADVENT

ZIELGRUPPE:

Sonntagsgemeinde (Vorbereitung mit einem Familiengottesdienstkreis und Grundschulkindern)

MATERIALIEN:

- ❑ *Adventskranz*
- ❑ *Kopien der vorzulesenden Texte*
- ❑ *Liederbücher bzw. Liedblätter*
- ❑ *kleiner Adventskranz*
- ❑ *Fensterschmuck und Fensterleder*
- ❑ *Backbuch*
- ❑ *Zettel mit Krippenspieltext*
- ❑ *Einkaufszettel*
- ❑ *Bastelbogen*
- ❑ *Kalender*
- ❑ *Weihnachtskarte*
- ❑ *Blockflöte*
- ❑ *Rolle Geschenkpapier*
- ❑ *Schulbuch*
- ❑ *großer Korb*

CHANCEN:

Der Gottesdienst kann die Freude auf Gottes Ankunft in dieser Welt stärken und von der Last der scheinbar notwendigen Aufgaben im Advent befreien. Die Feier lädt ein, „eine Handvoll" Advent einfach und bewusst zu erfahren.

HINWEISE:

- *Sowohl die Lesung als auch das Evangelium sind der Leseordnung für den ersten*

Adventssonntag im Lesejahr B entnommen.

- *Das Be- und Entladen der „Adventsartikel" zu Beginn der Katechese sollte vor dem Gottesdienst einmal geprobt werden.*

Ein großer Korb wird im Altarraum bereitgestellt.

Lied zum Einzug

Wir sagen euch an den lieben Advent Gl 115, 1. Strophe

Die erste Kerze wird am Adventskranz angezündet.

Eröffnung

L: Lasst uns beginnen im Namen des Vaters, und des Sohnes, und des Heiligen Geistes. Amen.

Einführung

K: Liebe Gemeinde!

„Wir sagen euch an den lieben Advent", so haben wir gerade gesungen. „Wir sagen euch an eine heilige Zeit". Viele unter uns, besonders die Kinder, werden sich auf die Adventszeit sehr gefreut haben: Plätzchenduft, Adventskalender, Kerzenschein, Wichtelpäckchen. „Wir sagen euch an den lieben Advent" lenkt aber, vor allem bei uns Erwachsenen, die Gedanken auch auf all das, was in diesen Tagen vor Weihnachten noch zu tun ist, was wir noch erledigen wollen. Vermutlich fallen gerade jetzt jedem und jeder von uns etliche Aufgaben ein. Muss das sein? Das nahende Weihnachtsfest jedenfalls hängt nicht von unserer Organisation ab. Jesus wird ohne unser Zutun geboren, sein Kommen ist nicht „von unserer Hände Werk" abhängig. Deshalb dürfen wir auch getrost singen: „Freut euch, ihr Christen, freuet euch sehr! Schon ist nahe der Herr."

Kyrie

L: Herr Jesus Christus, dein Kommen ist nah. Zu dir rufen wir voll Vertrauen:

V: Du schenkst uns deine Nähe.

Liedruf: Nah ist der Herr, es kommt sein Tag (Taizé) TROU 372

V: Du zeigst uns die Liebe Gottes.

Liedruf: Nah ist der Herr, es kommt sein Tag

V: Du kennst unsere Sehnsucht nach Geborgenheit.

Liedruf: Nah ist der Herr, es kommt sein Tag

Gebet

L: Herr, unser Gott, hilf uns, dass wir voll Freude die Ankunft deines Sohnes erwarten. Mache uns bereit, ihn mit offenen Händen und Herzen aufzunehmen. Darum bitten wir durch Christus, unsern Bruder und Freund. Amen.

Lesung aus dem Alten Testament

(Jesaja 63,16b–17.19b; 64,3–7)

Lesung aus dem Buch Jesaja

Du, Herr, bist unser Vater, „Unser Erlöser von jeher“ wirst du genannt. Warum lässt du uns, Herr, von deinen Wegen abirren und machst unser Herz hart, so dass wir dich nicht mehr fürchten? Kehre zurück um deiner Knechte willen, um der Stämme willen, die dein Eigentum sind. Reiß doch den Himmel auf, und komm herab, so dass die Berge zittern vor dir. Seit Menschengedenken hat man noch nie vernommen, kein Ohr hat gehört, kein Auge gesehen, dass es einen Gott gibt außer dir, der denen Gutes tut, die auf ihn hoffen. Ach, kämst du doch denen entgegen, die tun, was recht ist, und nachdenken über deine Wege. Ja, du warst zornig; denn wir haben gegen dich gesündigt, von Urzeit an sind wir treulos geworden. Wie unreine Menschen sind wir alle geworden, unsere ganze Gerechtigkeit ist wie ein schmutziges Kleid. Wie Laub sind wir alle verwelkt, unsere Schuld trägt uns fort wie der Wind. Niemand ruft deinen Namen an, keiner rafft sich dazu auf, festzuhalten an dir. Denn du hast dein Angesicht vor uns verborgen und hast uns der Gewalt unserer Schuld überlassen. Und doch bist du, Herr, unser Vater. Wir sind der Ton, und du bist unser Töpfer, wir alle sind das Werk deiner Hände.

Wort des lebendigen Gottes

Antwortgesang
O Heiland reiß die Himmel auf GL 105, 1.–3. Strophe

Katechese, Teil I

Einer Person wird „der Advent" in die Hand gelegt.

K: Der Advent weckt bei uns allen viele Vorstellungen. Wir verbinden mit dieser Zeit bestimmte Bräuche, Abläufe, Gerüche und Lieder, die einfach nicht fehlen dürfen.

Die Adventsartikel werden einem Kind oder einem Erwachsenen in die geöffneten Hände gelegt bzw. aufgeladen. Die begleitenden Texte werden von verschiedenen Kindern und Erwachsenen vorgetragen.

- Unverzichtbar für unseren Advent ist der schön dekorierte, möglichst selbst gebundene Adventskranz. *(Kranz)*
- Die Fenster sollten ansprechend dekoriert sein und am besten vorher noch geputzt werden. *(Fensterschmuck und Fensterleder)*
- Die neuesten, leckersten Plätzchenrezepte müssen ausprobiert werden. *(Backbuch)*
- Bis nächste Woche muss ich den Text fürs Krippenspiel auswendig können. *(Zettel)*
- Die Einkaufsliste erinnert mich an die vielen Erledigungen, die es zu machen gilt. *(Einkaufszettel)*
- Für Oma und Opa möchte ich auf jeden Fall ein Geschenk selbst basteln. *(Bastelbogen)*
- Meinen Kalender werde ich im Advent immer bei mir tragen, damit ich auch ja keine Weihnachtsfeier verpasse. *(Kalender)*
- Spätestens am vierten Advent muss die Weihnachtspost verschickt sein. *(Weihnachtskarte)*
- Ich muss noch eifrig für unser Flötenvorspiel üben. *(Blockflöte)*
- In diesem Jahr möchte ich mal nicht erst in letzter Minute die Geschenke verpacken. *(Rolle Geschenkpapier)*
- Ach ja und bei all dem schreiben wir auch noch jede Menge Klassenarbeiten in der Schule. *(Schulbuch)*

Die so beladene Person wird kurz befragt, wie es ihr geht, was sie sich wünscht: … habe ganz schön viel zu schleppen, fühle mich erdrückt, habe keinen Blick mehr frei, würde am liebsten alles hinschmeißen, …

K: Wir sind voll gepackt. Wir haben alle Hände voll zu tun. Im Evangelium wird uns heute eindringlich zugesagt: Seid wachsam! Ich denke, damit ist nicht gemeint, dass wir ein uns auferlegtes Programm abarbeiten sollen, uns voll laden mit scheinbar frommen und weihnachtlichen Dingen. Vielleicht kommen wir dem Anspruch der Wachsamkeit näher, wenn wir uns erst einmal von all den vielen Verpflichtungen und Ansprüchen trennen; wenn wir uns frei machen und somit frei werden für den Advent, für die Ankunft Jesu in unserer Welt.

Advents- und Weihnachtsartikel werden nacheinander in einem Korb abgelegt.

K: Nun dürfen wir unsere leeren und geöffneten Hände betrachten. Ich darf euch und Sie alle einladen, dies jetzt einmal zu versuchen. Dazu stehen wir auf und stellen uns mit beiden Füßen fest auf den Boden. Nun halten wir unsere Hände geöffnet vor uns. Wir schauen sie an. Es sind dieselben Hände, mit denen wir von morgens bis abends all das tun, was erledigt werden muss. Jetzt dürfen sie ruhen. Mit unseren geöffneten, leeren Händen stehen wir vor Gott. Ihm halten wir unsere Hände hin.
Nehmen wir in dieser Haltung die Worte des Evangeliums auf!

Evangelium
(Markus 13,24–37)
Aus dem heiligen Evangelium nach Markus
Jesus sprach zu seinen Jüngern: In jenen Tagen wird sich die Sonne verfinstern, und der Mond wird nicht mehr scheinen; die Sterne werden vom Himmel fallen und die Kräfte des Himmels werden erschüttert werden. Dann wird man den Menschensohn mit großer Macht und Herrlichkeit auf den Wolken kommen sehen. Und er wird die Engel aussenden und die von ihm Auserwählten aus allen vier Windrichtungen zusammenführen, vom Ende der Erde bis zum Ende des Himmels. Lernt etwas aus dem Vergleich mit dem Feigenbaum! Sobald seine Zweige saftig werden und Blätter treiben, wisst ihr, dass der Sommer nahe ist. Genauso sollt ihr erkennen, wenn ihr all

das geschehen seht, dass das Ende vor der Tür steht. Amen, ich sage euch: Diese Generation wird nicht vergehen, bis das alles eintrifft. Himmel und Herde werden vergehen, aber meine Worte werden nicht vergehen. Doch jenen Tag und jene Stunde kennt niemand, auch nicht die Engel im Himmel, nicht einmal der Sohn, sondern nur der Vater. Seht euch also vor, und bleibt wach! Denn ihr wisst nicht, wann die Zeit da ist. Es ist wie mit einem Mann, der sein Haus verließ, um auf Reisen zu gehen: Er übertrug alle Verantwortung seinen Dienern, jedem eine bestimmte Aufgabe; dem Türhüter befahl er, wachsam zu sein. Seid also wachsam! Denn ihr wisst nicht, wann der Hausherr kommt, ob am Abend oder um Mitternacht, ob beim Hahnenschrei oder erst am Morgen. Er soll euch, wenn er plötzlich kommt, nicht schlafend antreffen. Was ich aber euch sage, das sage ich allen: Seid wachsam!
Frohe Botschaft unseres Herrn Jesus Christus

Katechese, Teil II

K: Seid wachsam! Vielleicht genügt das ja: Jeden Tag immer wieder diese Haltung einzuüben:
(Haltung der geöffneten Hände selbst einnehmen und zeigen)
am Morgen, am Abend, auf jeden Fall, wenn's mal wieder drunter und drüber geht. Wir können versuchen, mit unseren offenen Händen einfach nur da zu sein, und so unsere Wachsamkeit für Gottes Kommen zum Ausdruck bringen. Unser Korb hier vorne mit all den vielen Verpflichtungen und Aufgaben bleibt gefüllt. Manches davon werden wir anpacken. Aber es muss nicht alles abgearbeitet werden. Auf die Menge der Erledigungen kommt es jedenfalls nicht an. Wir dürfen unsere leeren Hände vor Gott hinhalten.

Eine Handvoll Stille lässt uns wach werden für Gottes Kommen in dieser Welt.
Eine Handvoll Wartezeit lässt uns offen werden für das, was das Leben uns schenken will.
Eine Handvoll Advent lässt die Freude auf das Weihnachtsfest wachsen:
„Freut euch, ihr Christen, freuet euch sehr! Schon ist nahe der Herr."

Lied Freut euch im Herrn, denn er ist nah

2. V: Nun komm, du unser Herr und Hirt, dass endlich uns die Rettung wird; komm, Herr, erlöse deine Welt, die sonst dem Unheil ganz verfällt.
A: Freuet euch! Freuet euch …

3. V: Biet auf, Erlöser, deine Macht, erleuchte uns die dunkle Nacht; du Licht, vom Vater ausgesandt, führ uns in das verheißne Land.
A: Freuet euch! Freuet euch …

4. V: Wir danken dir, Herr Jesus Christ, der du das Heil der Menschen bist. Schaff uns in deiner Liebe neu, mach uns in deinem Dienste treu.
A: Freuet euch! Freuet euch …

T: Eichstätt 1952 / M: nach Düsseldorf 1836 / regionale Fassung 1974 / Regional: Fulda, Limburg, Mainz, Trier

Fürbitten

L: Guter Gott, in deine Hände legen wir unsere Bitten:

1. Wir beten für alle, die sich mit viel Fingerspitzengefühl für eine gerechtere Welt einsetzen. Du Gott unseres Lebens –

A: Wir bitten dich, erhöre uns.

2. Wir beten für alle, die eine ausgestreckte Hand verweigern, weil sie nicht verzeihen können. Du Gott unseres Lebens –

A: Wir bitten dich, erhöre uns.

3. Wir beten für alle, die versuchen, mit Fäusten Konflikte zu lösen. Du Gott unseres Lebens –

A: Wir bitten dich, erhöre uns.

4. Wir beten für alle, die nicht aushalten können, wenn ihre Hände ruhen müssen. Du Gott unseres Lebens –

A: Wir bitten dich, erhöre uns.

5. Wir beten für alle, deren Hände nichts zu tun haben und die mit ihrer Zeit nichts anzufangen wissen. Du Gott unseres Lebens –

A: Wir bitten dich, erhöre uns.

6. Wir beten für alle, denen es schwer fällt, Aufgaben loszulassen. Du Gott unseres Lebens –

A: Wir bitten dich, erhöre uns.

L: Guter Gott, dir vertrauen wir all unsere Bitten an. Öffne du unsere Hände, damit wir bereit werden für deine Ankunft in dieser Welt. Darum bitten wir dich durch Christus, unsern Bruder und Freund. Amen.

EUCHARISTIEFEIER

Lied zur Gabenbereitung

Herr, in deine Hände TROU 1050

Vaterunser

L: Ich darf euch und Sie einladen, das Vaterunser in der Haltung der geöffneten Hände zu beten.

A: Vater unser …

Einladung zum Friedensgruß

L: Halten wir nun unsere geöffnete Hand unserem Nachbarn hin – und nehmen wir die geöffnete Hand unserer Nachbarin entgegen. Verbunden miteinander mit offenen und wachen Herzen dürfen wir den Gruß Jesu einander zusagen: Der Friede sei mit dir!

Lied zum Friedensgruß

Schweige und höre TROU 164

Zur Kommunion

L: Seine offenen Hände teilen das Brot.
Seine offenen Hände reichen das Brot.
Meine offenen Hände nehmen das Brot.

Anregung für die Woche

K: Ich möchte euch und Sie alle ermutigen, die Haltung der geöffneten Hände in der kommenden Woche immer mal wieder einzunehmen – sei es mitten im Trubel des Tages oder in der Stille des Abends: Gott unsere geöffneten Hände hinhalten und uns von ihm eine Handvoll Advent schenken lassen.

Zum Segen

V: Geh deinen inneren Weg
durch die Tage des Advents.
Bewahre dir, wenn es möglich ist, Zeit,
in der der Atem ruhig geht,
in der nicht gehetzt und gerannt wird.
Es soll ja etwas in dir selbst geschehen.
Richte deine Gedanken und Erwartungen
auf das, was sich lohnt.
Einen gesegneten Advent wünsche ich dir.

Schlusslied

Im Advent, im Advent (siehe Seite 76)

FREIHALTEN FÜR JESUS

GOTTESDIENST AM ZWEITEN ADVENT

ZIELGRUPPE:

Sonntagsgemeinde (Vorbereitung mit einem Familiengottesdienstkreis und Grundschulkindern bzw. älteren Kindergartenkindern)

MATERIALIEN:

- ❑ *Adventskranz*
- ❑ *Kopien der vorzulesenden Texte*
- ❑ *Liederbücher bzw. Liedblätter*
- ❑ *Stühle*
- ❑ *auf festes Papier kopierte „Platzkarten" und Stifte für alle*
- ❑ *ggf. Körbchen/kleine Kartons zum Verteilen der Karten und Stifte*
- ❑ *CD-Spieler und CD mit ruhiger Musik*

CHANCEN:

Dieser Gottesdienst will dazu anregen, „Advent im Alltag" zu entdecken. Es wird nach einfachen und naheliegenden Schritten gesucht, wie dies im je eigenen Leben geschehen kann. Vielleicht gelingt es, Jesus im Advent Platz zu reservieren.

HINWEISE:

- *Die Lesung und das Evangelium sind der Leseordnung für den zweiten Adventssonntag im Lesejahr B entnommen*
- *Sollte die Schreibmeditation nicht durchgeführt werden können, wird in der Katechese alternativ im Dialog mit den Kindern nach weiteren Ideen gesucht, wie Jesus in dieser Adventszeit ein Platz freigehalten werden könnte. Die „Platzkarten" werden dann während des nachfolgenden Liedes mit einer entsprechenden Anregung ausgeteilt.*

Vorbereitung: Stuhlkreis aus ca. sechs Stühlen (einer mehr als für die mitspielenden Kinder nötig) gut sichtbar im Altarraum aufstellen.

Lied zum Einzug

Das Licht einer Kerze, Strophe 1 und 2 (siehe Seite 73)

Am Adventskranz werden begleitend zum Lied die zwei Kerzen entzündet.

Eröffnung

L: Lasst uns beginnen im Namen des Vaters, und des Sohnes, und des Heiligen Geistes. Amen.

Einführung

K: Ich begrüße euch und Sie ganz herzlich zu diesem Familiengottesdienst im Advent. Zu Beginn werden uns einige Kinder mit dem Thema des Gottesdienstes bekannt machen.

Kurzes Anspiel: ca. fünf Kinder spielen „Mein rechter, rechter Platz ist frei".

Die Kinder nehmen auf den Stühlen Platz, ein Stuhl bleibt leer.

Kind: *(sitzt links neben dem freien Stuhl):*
Mein rechter, rechter Platz ist frei, ich wünsche mir *den/die* … herbei.

Kind: *(wieder links neben dem freien Stuhl):*
Mein rechter, rechter Platz ist frei, ich wünsche mir *den/die* … herbei.

Kind: usw.

ca. 5 bis 6 mal „herbeiwünschen", dann:

Kind: Mein rechter, rechter Platz ist frei, ich wünsche mir den Jesus herbei!

Kinder *(auch nacheinander):*
Jesus???

Die Kinder nehmen ihren Stuhl und stellen ihn an die Seite, ein Stuhl bleibt stehen.

K: Ja, das ist ungewöhnlich: Jesus so ganz konkret herbeizuwünschen. Aber im Advent geht es genau darum: Im Advent wünschen wir uns Jesus herbei. Wir warten darauf, dass wir sein Geburtsfest bald feiern können. Wir möchten, dass Jesus ganz nah zu uns kommt. Voll Vertrauen wenden wir uns im Kyrie an ihn.

Kyrie

Kind 1: Jesus, du willst, dass wir dich rufen.
Liedruf: Kyrie eleison DIR 37

Kind 2: Jesus, du willst in unserer Mitte sein.
Liedruf: Christe eleison DIR 37

Kind 3: Jesus, du willst unser Freund sein.
Liedruf: Kyrie eleison DIR 37

Gebet

L: Guter Gott, dein Sohn Jesus will immer wieder von neuem in diese Welt und in uns geboren werden. Hilf uns, dass wir das nie vergessen und ihm in unserem Leben einen Platz freihalten. Darum bitten wir dich durch Jesus, unseren Bruder und Herrn. Amen.

Lesung aus dem Alten Testament

(Jesaja 40,1–5.9–11)

Lesung aus dem Buch des Propheten Jesaja

Tröstet, tröstet mein Volk, spricht euer Gott. Redet Jerusalem zu Herzen und verkündet der Stadt, dass ihr Frondienst zu Ende geht, dass ihre Schuld beglichen ist; denn sie hat die volle Strafe erlitten von der Hand des Herrn für all ihre Sünden. Eine Stimme ruft: Bahnt für den Herrn einen Weg durch die Wüste! Baut in der Steppe eine ebene Straße für unseren Gott! Jedes Tal soll sich heben, jeder Berg und Hügel sich senken. Was krumm ist, soll gerade werden, und was hüglig ist, werde eben. Dann offenbart sich die Herrlichkeit des Herrn, alle Sterblichen werden sie sehen. Ja, der Mund des Herrn hat gesprochen.

Steig auf einen hohen Berg, Zion, du Botin der Freude! Erheb deine Stimme mit Macht, Jerusalem, du Botin der Freude! Erheb deine Stimme, fürchte dich nicht! Sag den Städten in Juda: Seht, da ist euer Gott. Seht, Gott der Herr, kommt mit Macht, er herrscht mit starkem Arm. Seht, er bringt seinen Siegespreis mit: Alle, die er gewonnen hat,

gehen vor ihm her. Wie ein Hirt führt er seine Herde zur Weide, er sammelt sie mit starker Hand. Die Lämmer trägt er auf dem Arm, die Mutterschafe führt er behutsam.
Wort des lebendigen Gottes

Antwortgesang
Kündet allen in der Not GL 106

Evangelium
(Markus 1,1–8)
Aus dem Heiligen Evangelium nach Markus
Anfang des Evangeliums von Jesus Christus, dem Sohn Gottes: Es begann, wie es bei dem Propheten Jesaja steht: Ich sende meinen Boten vor dir her; er soll den Weg für dich bahnen. Eine Stimme ruft in der Wüste: Bereitet dem Herrn den Weg! Ebnet ihm die Straßen! So trat Johannes der Täufer in der Wüste auf und verkündigte Umkehr und Taufe zur Vergebung der Sünden. Ganz Judäa und alle Einwohner Jerusalems zogen zu ihm hinaus; sie bekannten ihre Sünden und ließen sich im Jordan von ihm taufen. Johannes trug ein Gewand aus Kamelhaaren und einen ledernen Gürtel um seine Hüften, und er lebte von Heuschrecken und wildem Honig. Er verkündete: Nach mir kommt einer, der ist stärker als ich; ich bin es nicht wert, mich zu bücken, um ihm die Schuhe aufzuschnüren.

Ich habe euch nur mit Wasser getauft, er aber wird euch mit dem Heiligen Geist taufen.
Frohe Botschaft unseres Herrn Jesus Christus

Katechese
K: Liebe Kinder, liebe Gemeinde!
Zu Beginn des Gottesdienstes haben wir uns spielerisch „den Jesus“ auf den freien Platz herbeigewünscht. Genau darum geht es im Advent: Jesus herbeiwünschen. Im Spiel geht das nur dann, wenn neben uns auch Platz ist: Es muss ein freier Platz da sein, damit wir uns dort jemanden hinwünschen können. In der Lesung und im Evangelium haben wir eben gehört: Bereitet dem Herrn den Weg! Ebnet ihm die Straßen! Wir können dazu auch sagen: Macht Platz für Jesus! Haltet Jesus einen Platz frei! Aber wie kann das gehen? Wenn wir jemanden neben uns haben wollen, dann verteidigen wir den

Platz auch, dann sagen wir zu anderen: nein, hier ist besetzt, da soll *der Simon* / da soll *die Lena* hin.
Wir tun etwas dafür, dass der Platz für die gewünschte Person frei bleibt. Wir setzen uns energisch dafür ein, dass er nicht von anderen besetzt wird.
Und genauso könnten wir auch etwas dafür tun, dass in dieser Adventszeit Platz für Jesus bleibt. Hören wir einige Beispiele.

Vertreter aller Generationen (Kind, Jugendliche, Eltern, Großeltern, ...) stellen sich nacheinander hinter den leeren Stuhl und nennen Beispiele:

- Ich halte Jesus einen Platz frei, wenn ich mich mal an den Adventskranz setze und gar nichts tue.
- Ich halte Jesus einen Platz frei, wenn ich mir die Zeit für einen Brief an eine alte Schulfreundin nehme.
- Ich halte Jesus einen Platz frei, wenn ich meiner kleinen Schwester eine Nikolausgeschichte vorlese.
- Ich halte Jesus einen Platz frei, wenn ich mir Zeit zum Plätzchen backen mit den Kindern nehme.
- Ich halte Jesus einen Platz frei, wenn ich mal die Bibel aus dem Regal nehme und darin lese.
- Ich halte Jesus einen Platz frei, wenn ich mir einen Ruck gebe und mich einmal mit dem verabrede, der sonst keine Freunde hat.
- Ich halte Jesus einen Platz frei, wenn ich meine Nachbarin, deren Mann dieses Jahr gestorben ist, besuche.
- Ich halte Jesus einen Platz frei, wenn ich mir den Wecker früher stelle und die Frühschicht besuche.
- Ich halte Jesus einen Platz frei, wenn ich den Computer einmal auslasse und mich stattdessen zu meiner Familie setze.

  ...

Schreibmeditation

Am Ende stellt sich K hinter den leeren Stuhl.

K: Ich halte Jesus einen Platz frei, wenn – *(kurze Pause)*
Wie geht dieser Satz bei mir ganz persönlich weiter?

Dazu möchten wir uns nun einige Minuten Zeit nehmen. Wir haben „Platzkarten für Jesus“ und Stifte vorbereitet, die nun ausgeteilt werden. Wir bitten euch und Sie, zu überlegen, wie Jesus in den kommenden Wochen des Advents ein Platz freigehalten werden könnte. Schreiben Sie es auf der Rückseite auf, die (kleineren) Kinder können dazu auch etwas malen. Die Karten werden nicht eingesammelt oder vorgelesen, sie dürfen im Anschluss an den Gottesdienst mit nach Hause genommen werden.

Die „Platzkarten“ und Stifte werden an alle verteilt, dazu wird meditative Musik eingespielt.

Lied

Du bist da, wo Menschen leben DIR 232

Fürbitten

L: Jesus einen Platz freihalten, heißt auch, dass wir die nicht vergessen, die in unserer Welt oftmals zu wenig Platz haben. Wir bitten:

1. Für alle Menschen, die keine Freunde haben.
   Liedruf: Herr, erbarme dich unserer Zeit DIR 74

2. Für alle Menschen, die an den Rand gedrängt werden.
   Liedruf: Herr, erbarme dich …

3. Für alle Menschen, die krank und schwach sind.
   Liedruf: Herr, erbarme dich …

4. Für alle Menschen, die große Sorgen haben.
   Liedruf: Herr, erbarme dich …

5. Für alle Menschen, die um jemanden trauern.
   Liedruf: Herr, erbarme dich …

L: Bei dir, Herr, haben alle Menschen Platz. Du setzt dich für jeden Menschen ein. Dafür danken wir dir. Amen.

EUCHARISTIEFEIER

Lieder

Zur Gabenbereitung: Nimm, o Herr, die Gaben die wir bringen TROU 190
Zum Friedensgruß: Wo Menschen sich vergessen TROU 790

Anregung für die Woche

K: Die Platzkarten dürfen nun mit nach Hause genommen werden. Vielleicht gelingt uns ja in dieser Woche, unsere Vorhaben in die Tat umzusetzen und so für Jesus Platz zu reservieren. Und vielleicht wünschen wir uns dann Jesus jeden Tag mehr herbei.

Schlusslied

Bewahre uns, Gott, behüte uns Gott TROU 335

PLATZKARTE FÜR JESUS

Platz für

Jesus

WORT-SCHATZ

GOTTESDIENST AM DRITTEN ADVENT

ZIELGRUPPE:

Sonntagsgemeinde (Vorbereitung mit dem Familiengottesdienstkreis und älteren Kindern, Jugendlichen)

MATERIALIEN:

❑ *Adventskranz*

❑ *Kopien der vorzulesenden Texte*

❑ *Liederbücher bzw. Liedblätter*

❑ *Beamer und Laptop (oder Plakate, siehe „Hinweise"), vorbereitet mit ausgewählten Wörtern des Lesungstextes*

❑ *ggf. Verlängerungskabel*

❑ *Kopien mit sieben schönen Wörtern für jeden Tag der Woche*

CHANCEN:

Worte werden oft leichthin dahergesagt und wenig bedacht. Der Gottesdienst soll zu einem achtsamen Umgang mit Worten ermutigen. Worte der Schrift sollen in ihrer stärkenden, aufrichtenden Wirkung erfahren werden.

HINWEISE:

- *Die Lesungstexte sind der Leseordnung für den dritten Adventssonntag des Lesejahres A entnommen.*
- *Für die Einführung werden die von der „Gesellschaft für deutsche Sprache" veröffentlichten, aktuellen „Wörter des Jahres" der Tagespresse entnommen (siehe auch www.gfds.de).*
- *Steht kein Beamer zur Verfügung, können die dem Lesungstext entnommenen Wörter auch einzeln gut lesbar auf Plakaten stehen (pro Plakat ein Wort). Diese Plakate werden durch die Kirche getragen, so dass die Worte den Kirchenraum „erfüllen". Auch hier wird die Gemeinde eingeladen, Worte, die ansprechen, laut vorzulesen.*
- *Mit kleinen Veränderungen ist möglich, den Gottesdienst auch an anderen Adventsonntagen zu feiern. Der Baustein „Anregung für die Woche" lässt sich ferner gut zu Beginn der Adventszeit in einen Gottesdienst integrieren. Dazu kann ein Gute-Worte-Adventskalender mit 24 Wort-Karten vorbereitet werden.*

Die drei Kerzen am Adventskranz werden entzündet.

Lied zum Einzug

Im Advent, im Advent (siehe Seite 76)

Eröffnung

L: Lasst uns beginnen im Namen des Vaters, und des Sohnes, und des Heiligen Geistes. Amen.

Einführung

K: Liebe Gemeinde,
gegen Ende eines Jahres wird immer nach dem Wort des Jahres gesucht. Die „Gesellschaft für deutsche Sprache“ überlegt, welche Wörter die Öffentlichkeit innerhalb eines Jahres geprägt haben. So tauchen Begriffe wie *„Klimakatastrophe“, „Herdprämie“* und *„Raucherkneipe“* in den Zeitungen und Nachrichten auf. Themen der Zeit ?!
Die Worte des Lesungstextes, die wir heute hören, sind aktuell geblieben über die Zeiten hinweg. Sie gehören zum Wortschatz unseres Glaubens. Sie sprechen von der tiefen Sehnsucht aller Menschen nach Worten und Taten, die uns berühren, uns Mut, Kraft und Zuversicht schenken – auch über den Moment hinaus! Im Advent bereiten wir uns darauf vor, das Mensch gewordene Wort, Jesus Christus, in der Welt und in unserem Leben ankommen zu lassen.

Kyrie

L: Zu Beginn wollen wir unseren Umgang mit Wörtern bedenken und im Kyrie vor Gott tragen.

Die Wirkung der Aussagen wird pantomimisch dargestellt.

K: Wir alle kennen Wörter und Sätze, die uns niederdrücken und klein machen:

Während V die Aussagen spricht, lässt die „Pantomime“ zunächst Kopf und Schultern hängen, dann beugt sie sich etwas vor, kniet sich evtl. hin, schließlich kauert sie sich auf dem Boden zusammen.

V: Du trödelst heute vielleicht wieder!
Du gibst dir aber auch gar keine Mühe.

K: Herr, erbarme dich.
A: Herr, erbarme dich.

V: Dummkopf!
Looser!

K: Christus, erbarme dich.
A: Christus, erbarme dich.

V: Ih, der schon wieder!
Mach, dass du wegkommst!

K: Herr, erbarme dich.
A: Herr, erbarme dich.

Kurze Stille

K: Wie gut tun uns dagegen folgende Aussagen:

Während die ermutigenden Worte ausgesprochen werden, richtet sich die zusammen gekrümmte Person schrittweise auf, erst bei der letzten Aussage hebt sie auch den Kopf.

V: Du schaffst das schon.
Das hast du toll gemacht.
Lass dir ruhig Zeit!
Du bist echt ein klasse Kumpel.
Auf dich kann ich mich verlassen!
Schön, dich zu sehen!

Vergebungsbitte

L: Der Herr erbarme sich unser, er nehme von uns, was uns niederdrückt und klein macht, damit wir als aufrechte Menschen diese

Feier begehen. Amen.

Gebet

L: Herr, unser Gott, menschliche Worte verkünden uns deine Treue und Menschenfreundlichkeit. So bist du unser Gott und Vater. Wir bitten dich: Lass uns hinhorchen auf die Worte deiner Frohbotschaft, dass wir mit Herz und Seele bei dir seien in der Gemeinschaft deines Heiligen Geistes. Amen
(Huub Oosterhuis)

Lesung aus dem Alten Testament

(Jesaja 35,1–6a.10)
Lesung aus dem Buch Jesaja
Die Wüste und das trockene Land sollen sich freuen, die Steppe soll jubeln und blühen. Sie soll prächtig blühen wie eine Lilie, jubeln soll sie, jubeln und jauchzen. Die Herrlichkeit des Libanon wird ihr geschenkt, die Pracht des Karmel und der Ebene Scharon. Man wird die Herrlichkeit des Herrn sehen, die Pracht unseres Gottes. Macht die erschlafften Hände wieder stark und die wankenden Knie wieder fest! Sagt den Verzagten: Habt Mut, fürchtet euch nicht! Seht, hier ist euer Gott! Die Rache Gottes wird kommen und seine Vergeltung; er selbst wird kommen und euch erretten. Dann werden die Augen der Blinden geöffnet, auch die Ohren der Tauben sind wieder offen. Dann springt der Lahme wie ein Hirsch, die Zunge des Stummen jauchzt auf. Die vom Herrn Befreiten kehren zurück und kommen voll Jubel nach Zion. Ewige Freude ruht auf ihren Häuptern. Wonne und Freude stellen sich ein, Kummer und Seufzen entfliehen.
Wort des lebendigen Gottes

Antwortgesang

Gottes Wort ist wie Licht in der Nacht (siehe Seite 75)

Katechese

In Anlehnung an einen Schritt der Methode des Bibel-Teilens wird Wörtern des Lesungstextes visuell und akustisch Raum gegeben: Die ausgewählten Worte werden nacheinander mit Hilfe eines Beamers an eine geeignete Wand projiziert. Sie können in beliebiger Reihenfolge erscheinen und auch mehrfach wie-

derholt werden. Gleichzeitig wird die Gemeinde eingeladen, einzelne Worte laut auszusprechen.

K: Der Lesungstext, den wir gerade gehört haben, steckt voller ermutigender Worte. Ein Schatz aus Worten, für die es sich lohnt, dass wir ein wenig bei ihnen verweilen, dass wir ihnen Zeit geben, damit sie uns auch innerlich erreichen.
Wir werden diesen „guten Worten" in einer besonderen Weise Raum geben. Sie werden hier zu sehen sein und wir laden dazu ein, Worte, die Euch gefallen, von denen Sie berührt werden, laut auszusprechen, so dass wir sie nicht nur sehen, sondern auch hören können.

„Gute Worte" des Lesungstextes

blühen – Pracht – Mut – Freude – offen – jubeln – Lilie – Herrlichkeit – stark – Mut – Gott – erretten – jauchzen – Wonne – Fürchtet euch nicht – …

Mitglieder des Vorbereitungskreises sollten beginnen, einzelne Worte aus verschiedenen Ecken des Kirchenraumes laut auszusprechen, damit auch weitere Gottesdienstbesucher/-innen dem Beispiel mutig folgen.
Zum Abschluss wird der Lesungstext des Alten Testaments noch einmal vorgelesen.

Liedruf
Gottes Wort ist wie Licht in der Nacht (siehe Seite 75)

Evangelium
(Mt 11,2-11)
Aus dem heiligen Evangelium nach Matthäus
In jener Zeit hörte Johannes im Gefängnis von den Taten Christi. Da schickte er seine Jünger zu ihm und ließ ihn fragen: Bist du der, der kommen soll, oder müssen wir auf einen andern warten? Jesus antwortete ihnen: Geht und berichtet Johannes, was ihr hört und seht: Blinde sehen wieder, und Lahme gehen; Aussätzige werden rein, und Taube hören; Tote stehen auf, und den Armen wird das Evangelium verkündet. Selig ist, wer an mir keinen Anstoß nimmt. Als sie gegangen waren, begann Jesus zu der Menge über Johannes zu reden; er sagte: Was habt ihr denn sehen wollen, als ihr in die Wüste hinausgegangen seid? Ein

Schilfrohr, das im Wind schwankt? Oder was habt ihr sehen wollen, als ihr hinausgegangen seid? Einen Mann in feiner Kleidung? Leute, die fein gekleidet sind, findet man in den Palästen der Könige. Oder wozu seid ihr hinausgegangen? Um einen Propheten zu sehen? Ja, ich sage euch: Ihr habt sogar mehr gesehen als einen Propheten. Er ist der, von dem es in der Schrift heißt: Ich sende meinen Boten vor dir her; er soll den Weg für dich bahnen. Amen, das sage ich euch: Unter allen Menschen hat es keinen größeren gegeben als Johannes den Täufer; doch der Kleinste im Himmelreich ist größer als er.
Frohe Botschaft unseres Herrn Jesus Christus

Lied
Kündet allen in der Not GL 106, Strophe 1 bis 5

Fürbitten
L: Guter Gott, du begleitest uns auf all unseren Wegen. Du schenkst uns Worte ewigen Lebens. Zu dir beten wir voll Vertrauen:

1. Wir beten für alle einsamen Menschen.
   Lass sie hören und leben: Gemeinschaft.

A: Wir bitten dich, erhöre uns.

2. Wir beten für alle traurigen Menschen.
   Lass sie hören und leben: Freude.

A: Wir bitten dich, erhöre uns.

3. Wir beten für alle benachteiligten Menschen.
   Lass sie hören und leben: Gerechtigkeit.

A: Wir bitten dich, erhöre uns.

4. Wir beten für alle mächtigen Menschen.
   Lass sie hören und leben: Weisheit.

A: Wir bitten dich, erhöre uns.

5. Wir beten für alle verzweifelten Menschen.
   Lass sie hören und leben: Hoffnung.

A: Wir bitten dich, erhöre uns.

6. Wir beten für alle verbitterten Menschen.
   Lass sie hören und leben: Herzlichkeit.

A: Wir bitten dich, erhöre uns.

7. Wir beten für alle kranken Menschen.
   Lass sie hören und leben: Heilung.

A: Wir bitten dich, erhöre uns.

L: Guter Gott, komm uns mit deinem Erbarmen entgegen durch Christus, unseren Bruder und Freund. Amen

EUCHARISTIEFEIER

Lied zur Gabenbereitung
Solang es Menschen gibt auf Erden GL 300, Strophe 1, 2 und 4

Einladung zum Vaterunser
L: Lasst uns beten mit den Worten, die Jesus uns gegeben hat:

A: Vater unser im Himmel, geheiligt werde dein Name. Dein Reich komme. Dein Wille geschehe, wie im Himmel so auf Erden. Unser tägliches Brot gib uns heute. Und vergib uns unsere Schuld, wie auch wir vergeben unseren Schuldigern. Und führe uns nicht in Versuchung, sondern erlöse uns von dem Bösen.

Denn dein ist das Reich und die Kraft und die Herrlichkeit in Ewigkeit. Amen.

Lied zum Friedensgruß
Uns verpflichtet das Wort TROU 283

Meditation nach der Kommunion
V: Feiern die Wörter

Das Wort Hoffnung und das Wort Vertrauen
das Wort Dankbarkeit und das Wort Treue
Freiheit nenne ich und das Wort Mut
auch Gerechtigkeit und das große Wort Frieden
und was wir Glück nennen Glückseligkeit
die unbegreifliche Gnade und das leise Wort Geduld
und das Wort Erbarmen ja davon lebe ich

Das Wort Mutter und das Wort Brot
Kind sage ich mein Vater mein Freund
und Freundlichkeit und Geborgensein
Meer sage ich und Baum und Himmel
Wolke und siebenarmiger Leuchter
Traum sage ich und Nacht meine Schwester
ich nenne die Liebe und das zärtliche Wort Du

Feiern will ich die Wörter
von denen wir leben

(aus Lothar Zenetti: Auf Seiner Spur. Texte gläubiger Zuversicht (Topas Plus 327) © Matthias-Grünewald-Verlag des Schwabenverlag AG Ostfildern, 4. Auflage 2006, S. 8)

Anregung für die Woche

K: Feiern wollen wir die Wörter – auch in unserem Alltag der kommenden Woche. Wir teilen nun Kopien mit je einem guten Wort für jeden Tag der Woche aus. Wenn ihr die einzelnen Wörter ausschneidet, könnt ihr sie in einen kleinen Beutel oder ein Schatzkästchen stecken und jeden Morgen einen Zettel ziehen. Wer möchte, kann sich den Zettel in die Hosentasche (oder vielleicht auch in den Schuh) stecken und so mit ihm durch den Tag gehen. Das Wort kann uns durch den Tag begleiten und vielleicht findet sich am Abend eine Gelegenheit, über die Erfahrungen mit diesem Wort miteinander zu sprechen.

Schlusslied

Gib mir die richtigen Worte TROU 760

GUTE WORTE FÜR JEDEN TAG DER WOCHE

Kopiervorlage zum Ausschneiden

EIN GUTES WORT FÜR JEDEN TAG DER WOCHE	ERBARMEN	DANKBARKEIT
GERECHTIGKEIT	VERTRAUEN	HOFFNUNG
GEBORGENSEIN	MUT	Diese Kärtchen können auseinander geschnitten werden. Jeden Morgen kann ein Zettel gezogen und mit in den Tag genommen werden. Möge das Wort uns begleiten und gut tun!

BEZIEHUNGSWEISEN

GOTTESDIENST AM VIERTEN ADVENT

ZIELGRUPPE:
Sonntagsgemeinde (Vorbereitung mit älteren Kindern, Jugendlichen)

MATERIALIEN:

- ❑ *Adventskranz*
- ❑ *Kopien der vorzulesenden Texte*
- ❑ *Liederbücher bzw. Liedblätter*
- ❑ *Sitzsack oder großes Kissen*
- ❑ *Handy*
- ❑ *MP3 Player*

CHANCEN:
Beziehungen prägen unser Leben. Sie können uns froh machen und erfüllen, aber auch traurig und wütend werden lassen. Der Gottesdienst soll zu offenen und herzlichen Begegnungen ermutigen und Gottes Nähe in unseren Beziehungen erahnen lassen.

HINWEISE:

- *Zum Thema Beziehung wird eine Lesung aus dem Philipperbrief vorgeschlagen.*
- *Das Gottesdienstmodell ist ausgearbeitet für das Evangelium zum vierten Advent aus dem Lesejahr C.*
- *Dieser Gottesdienst baut auf eine lebendige Gemeinde. Es kann sein, dass die „Murmelgruppen“ in der Katechese einige Gottesdienstbesucher/-innen überfordern. Dennoch lohnt sich die Einladung zum Austausch, nimmt sie doch die Lebens- und Glaubenserfahrung eines jeden Christen, einer jeden Christin ernst.*

Vor dem Gottesdienst werden die vier Kerzen am Adventskranz angezündet.

Lied zum Einzug
Wachet auf, ruft uns die Stimme; GL 110

Eröffnung

L: Im Namen des Vaters, und des Sohnes, und des Heiligen Geistes. Amen. Der Herr sei mit euch.

A: Und mit deinem Geiste.

Einführung

K: Liebe Gemeinde! Liebe Jugendliche, liebe Kinder!
„Der Herr sei mit euch!", so wurden wir gerade begrüßt. Der Herr, Gott selbst, möge mit euch sein!
Wenn wir uns zufällig über den Weg laufen, sagen wir „Hi" oder „Hallo" – am höflichsten noch „Guten Tag!". Dagegen ist „Der Herr sei mit dir" geradezu umwerfend. Und so erging es Maria, als der Engel sie mit diesen Worten ansprach, um ihr die Geburt Jesu anzukündigen: Ihr bisheriges Leben wurde wahrhaftig umgeworfen. Denn diese Begegnung ließ Gott in ihr Mensch werden!
Heute nun werden wir die Fortsetzung dieser Begegnungsgeschichte hören, wie sie der Evangelist Lukas erzählt. Maria macht sich auf den Weg zu ihrer Cousine Elisabet. Da treffen sich zwei Frauen, die schier Unglaubliches erlebt haben – beide sind auf wundersame Weise schwanger geworden. Beide vertrauen sich ihr Geheimnis an, teilen sich mit, was ihnen am Herzen liegt. Und beide sind offen für das, was die andere erzählen will.

Und wie ist das bei uns? Wie sehen unsere Begegnungen aus? Sind wir nicht oft in unserem Alltag so mit uns selbst beschäftigt, dass wir einer echten Begegnung gar keine Chance geben? Ein Beispiel aus dem Leben zweier Jugendlicher will dies verdeutlichen.

Anspiel

Zwei Mädchen stellen die Sprechszene dar. Dazu setzt sich die Gemeinde.

Marie: Hallo, ich bin Marie.
Vor ein paar Tagen habe ich etwas ganz Verrücktes und zugleich Wundervolles erfahren. Zuerst wollte ich das niemandem sagen. Aber jetzt spüre ich, dass ich es jemandem erzählen muss.
Ich habe da an meine beste Freundin Lisa gedacht. Mit der versteh ich mich total gut. Da werd ich mal vorbeigehen.

Freundin lümmelt im Sitzsack oder auf einem größeren Kissen; spielt gerade mit Handy; nimmt Besuch nicht wirklich wahr; Küsschen – Küsschen; schreibt weiter SMS; MP3 Player im Ohr;

Hi Lisa!

Lisa: Ach, hallo Marie, du bist's! Wart mal, ich bin gleich fertig!

Kichert, kümmert sich nicht um ihre Freundin; Marie wartet, ihre Begeisterung schwindet, sie wird traurig;

Ist was? Solln wir Musik hörn?

Marie: Ach nein, eigentlich wollt ich dir was erzählen ... aber nein, ich glaub', das geht grad nicht. Ich muss noch mal weg. Machs gut!

Sie wendet sich ab und geht.

Lisa: Was sollte das denn?

Marie: *traurig*

Nein, der konnt' ich heute mein Geheimnis nicht anvertrauen.

Kyrie

L: Rufen wir Gott im Kyrie an:

Gemeinde stellt sich.

V: Herr, oft sind wir nur mit uns selbst beschäftigt.
Du öffnest uns für die Begegnung mit anderen.
A: Kyrie eleison TROU 119

V: Herr, oft schenken wir anderen keine Beachtung.
Du zeigst dich uns in unseren Mitmenschen.
A: Christe eleison TROU 119

V: Herr, oft missglücken unsere Begegnungen.
Du willst uns begegnen.
A: Kyrie eleison TROU 119

Vergebungsbitte

L: Der Herr erbarme sich unser, er nehme von uns, was uns daran hindert, unseren Mitmenschen offen und freundlich zu begegnen, damit wir mit frohem Herzen diese Feier begehen. Amen.

Gebet

L: Guter Gott, wenn wir uns in deinem Namen versammeln, dann bist du mitten unter uns. Wenn wir uns füreinander öffnen, dann bist du da. Lass uns einander beistehen und stärke uns in der Liebe zu dir und zueinander. Darum bitten wir durch Christus, unsern Herrn. Amen.

Lesung

(Philipper 2,1–4)

Lesung aus dem Brief an die Philipper

Wenn es also Ermahnung in Christus gibt, Zuspruch aus Liebe, eine Gemeinschaft des Geistes, herzliche Zuneigung und Erbarmen, dann macht meine Freude dadurch vollkommen, dass ihr eines Sinnes seid, einander in Liebe verbunden, einmütig und einträchtig, dass ihr nichts aus Ehrgeiz und nichts aus Prahlerei tut. Sondern in Demut schätze einer den andern höher ein als sich selbst. Jeder achte nicht nur auf das eigene Wohl, sondern auch auf das der anderen.

Wort des lebendigen Gottes

Antwortgesang

Herr, gib uns Mut zum Hören GL 521

Evangelium

(Lukas 1,39–45)

Aus dem heiligen Evangelium nach Lukas

Nach einigen Tagen machte sich Maria auf den Weg und eilte in eine Stadt im Bergland von Judäa. Sie ging in das Haus des Zacharias und begrüßte Elisabet. Als Elisabet den Gruß Marias hörte, hüpfte das Kind in ihrem Leib. Da wurde Elisabet vom Heiligen Geist erfüllt und rief mit lauter Stimme: Gesegnet bist du mehr als alle anderen Frauen, und gesegnet ist die Frucht deines Leibes. Wer bin ich, dass die Mutter meines Herrn zu mir kommt? In dem Augenblick, als ich deinen Gruß hörte, hüpfte das Kind vor Freude in

meinem Leib. Selig ist die, die geglaubt hat, dass sich erfüllt, was der Herr ihr sagen ließ.
Frohe Botschaft unseres Herrn Jesus Christus

Katechese mit „Murmelgruppen"

K: Bei Maria und Elisabet springt der Funke über. Ihnen gelingt eine Begegnung, von der wir meist nur träumen können. Bei uns läuft das oft schon eher in der Weise, wie wir es eben in unserem Anspiel mit Marie und Lisa gesehen haben. Und dennoch: Sehnen nicht auch wir uns nach geglückten und erfüllten Begegnungen, nach offenen und ehrlichen Beziehungen, nach einem Menschen, der sich mit uns freut, für den kein Weg zu weit und mühsam ist? Suchen wir nicht nach einer Weise der Beziehung, die uns tief in unserem Herzen erfüllt und froh macht? Und wenn wir dies in ganz besonderen Momenten unseres Lebens erfahren dürfen, können wir spüren: Hier ist Gott im Spiel. Dann bekommen wir eine Ahnung davon, was es heißt: „Der Herr ist mit dir!".
Eine solche beglückende Begegnung kann man nicht machen, eine solche Begegnung „geschieht". Wir aber können etwas dazu beitragen: Wir können uns einüben in eine Haltung, die den anderen wahrnimmt. Wir können unserem Gegenüber unser Ohr schenken. Es gehört aber auch dazu, dass wir bereit sind, uns zu öffnen, etwas von uns zu erzählen, was uns wichtig ist, was uns am Herzen liegt. Und manchmal geschieht dann tatsächlich auch Begegnung, manchmal wächst auf diese Weise eine Beziehung.

Wir wollen euch und Sie einladen, dies nun einfach mal zu tun. Dazu wollen wir „Murmelgruppen" bilden. Das geht nur, wenn wir uns aufeinander zu bewegen. Vielleicht rücken Sie ein wenig zusammen, vielleicht dreht sich eine Bank zur hinteren um. Vielleicht steht man auch auf und geht zu jemandem hin. Immer vier bis fünf Menschen sollten eine Gesprächsgruppe bilden.
Folgen wir dem Beispiel Marias und Elisabets und erzählen wir einander etwas Schönes von heute oder aus den vergangenen Tagen: ein gutes Erlebnis, etwas, was wir gelesen oder gesehen haben, etwas, das uns froh macht, …

Nach ca. 4–5 Minuten fängt die Orgel/Instrumentalbegleitung leise mit einem etwas längeren Vorspiel an. Es sollte dabei die Möglichkeit bestehen, das begonnene Gespräch noch zu Ende zu führen.

Magnificat-Lied

Groß sein lässt meine Seele den Herrn TROU 538

Fürbitten

L: Du Gott des Lebens, in Jesus Christus willst du uns Menschen begegnen und bewegen. Zu dir beten wir voll Vertrauen:

1. Maria und Elisabet trauen der Verheißung Gottes.
   Wir beten für alle Mütter und Väter, die sich um das Leben ihrer Kinder große Sorgen machen. Gott unsres Lebens –

A: Wir bitten dich, erhöre uns.

2. Maria macht sich auf den Weg zu ihrer Verwandten Elisabet.
   Wir beten für die Verantwortlichen in Kirche und Gesellschaft, dass sie Wege der Menschen zueinander eröffnen und begleiten. Gott unsres Lebens –

A: Wir bitten dich, erhöre uns.

3. Maria und Elisabet haben sich in Worten, Gesten und Taten gegenseitig ermutigt.
   Wir beten um herzliche und froh machende Begegnungen und um ein ehrliches und achtsames Miteinander an den kommenden Feiertagen und darüber hinaus. Gott unsres Lebens –

A: Wir bitten dich, erhöre uns.

4. Maria preist Gott als den, der sich den Armen und Schwachen zuwendet.
   Wir beten für alle, die den Randgruppen unserer Gesellschaft Stimme und Gehör verschaffen und sich für eine gerechtere Welt einsetzen. Gott unsres Lebens –

A: Wir bitten dich, erhöre uns.

L: Guter Gott, zu dir kommen wir immer wieder mit unserer ganzen Hoffnung, dich preisen wir für alles, was du uns Gutes tust, jetzt und in Ewigkeit. Amen.

EUCHARISTIEFEIER

Lied zur Gabenbereitung
Herr, wir bringen in Brot und Wein GL 534

Einladung zum Friedensgruß

L: Wenn es uns gelingt, einander offen und herzlich zu begegnen, dann ist wahrer Frieden spürbar. Wenn es uns gelingt, aufeinander zu zugehen und unsere Beziehungen lebendig und ehrlich zu gestalten, dann breitet sich der Frieden aus in unserer Welt. Ja, dann erreicht ein Stück Himmel unsere Herzen und verändert uns.
Der Friede sei mit euch!

Lied zum Friedensgruß Wenn der Himmel unser Herz erreicht

T: Hans-Jürgen Netz, M: Reinhard Horn aus Buch / CD ‚Fünf Minimusicals' – ‚Krippenspiel' © KONTAKTE Musikverlag, 59557 Lippstadt

2. Wenn der Himmel unser Herz erreicht,
wird das Kalte warm, das Schwere leicht,
wird das Harte zart und das Schwere leicht,
wenn der Himmel unser Herz erreicht.

3. Wenn der Himmel unser Herz erreicht,
wird das Böse gut, das Schwere leicht,
wird das Arme reich und das Schwere leicht,
wenn der Himmel unser Herz erreicht.

4. Wenn der Himmel unser Herz erreicht,
wird das Laute still, das Schwere leicht,
wird das Kleine groß und das Schwere leicht,
wenn der Himmel unser Herz erreicht.

Anregung für die Woche

K: Ich möchte euch und Sie ermutigen, in der kommenden Woche jemanden mal wieder ganz spontan zu besuchen oder auf eine Tasse Tee oder eine Runde „Mensch ärgere dich nicht" einzuladen. Dabei können wir einander von dem erzählen, was uns auf dem Herzen liegt.

Zum Segen

V: möge gott
neu in dir zur welt kommen

möge gottes gegenwart
dein leben hell machen

möge dir kraft zuwachsen
selbst mehr und mehr
mensch zu werden.

(Katja Süß, möge Gott, aus: Martin Schmeisser (Hg.) Gesegnetes Leben. Segensworte für den Tag, das Jahr und den Weg des Lebens, © Verlag am Eschbach des Schwabenverlag AG, Eschbach / Markgräflerland, 5. Aufl. 2004)

Schlusslied

Macht hoch die Tür GL 107

FREUDE TEILEN

MIT HEILIGEN DURCH DEN ADVENT

ZIELGRUPPE:

Sonntagsgemeinde (Vorbereitung mit einem Familiengottesdienstkreis und älteren Grundschulkindern, gegebenenfalls Kommunionkatecheten/-innen und Kommunionkindern)

MATERIALIEN:

- ❑ *Adventskranz*
- ❑ *Kopien der vorzulesenden Texte*
- ❑ *Liederbücher bzw. Liedblätter*
- ❑ *rotes Tuch oder roter Umhang (Martin)*
- ❑ *Brot (Elisabeth)*
- ❑ *Kirschbaumzweig (Barbara)*
- ❑ *Bischofsstab oder Mitra (Nikolaus)*
- ❑ *große weiße Kerze oder Kerzenkranz, ggf. aus Pappe gebastelt (Luzia)*
- ❑ *Gegenstand als Zeichen für das, was ein Kind im Vorfeld des Gottesdienstes getan hat, z. B. Plätzchen, Flöte (siehe Hinweise, „Kind 6")*
- ❑ *großes Tuch*
- ❑ *„Herzanhänger": auf festes, rotes Papier kopierte Vorlagen zum Ausschneiden und Aufhängen*

CHANCEN:

Das Leben der großen Heiligen der Vorweihnachtszeit – Martin, Elisabeth, Barbara, Nikolaus, Luzia – kann als Vorbild dienen, das Heilige in uns zu entdecken und zu fördern. Auch wir können Not lindern und Freude schenken.

HINWEISE:

- *Im Vorbereitungskreis wird überlegt, womit Kinder im Vorfeld des Gottesdienstes einem anderen Menschen eine Freude bereiten können, z.B. Flötenspiel im Altenheim, Plätzchen backen und weiterschenken … Wenigstens ein Kind sollte dies vor dem Gottesdienst tatsächlich auch tun (siehe Katechese, „Kind 6").*

- *Zu den „Adventsheiligen“ Barbara, Nikolaus und Luzia werden in diesem Gottesdienst auch Martin und Elisabeth gezählt. Tatsächlich begann in Teilen der frühen und mittelalterlichen Kirche der Advent mit dem Martinsfest, so dass eine der österlichen Bußzeit entsprechende vierzigtägige Fastenzeit dem Weihnachtsfest, das an Epiphanie gefeiert wurde, voranging (Samstage und Sonntage waren vom Fasten ausgenommen). In der römischen Kirche hat sich diese Tradition allerdings nicht durchgesetzt. Es erscheint uns dennoch sinnvoll, auch Martin und Elisabeth in diesem Gottesdienst zu benennen, da sie zu den bekanntesten Heiligenfiguren gehören und ihre Festtage dem Advent nicht nur unmittelbar vorausgehen, sondern auch auf die Adventszeit einstimmen.*

Vor dem Gottesdienst wird ein großes Tuch für die Requisiten der Kinder vor dem Altar abgelegt, und die entsprechenden Kerzen am Adventskranz werden entzündet.

Lied zum Einzug

Macht hoch die Tür GL 107, 1.–3. Strophe

Eröffnung

L: Beginnen wir den Gottesdienst mit dem Zeichen unseres Heiles, im Namen des Vaters, und des Sohnes, und des Heiligen Geistes. Amen.

Einführung

K: Ich möchte euch und Sie ganz herzlich begrüßen zu diesem Familiengottesdienst im Advent. In den Wochen vor Weihnachten hören wir immer wieder von heiligen Frauen und Männern. Es fängt schon im November an: Der 1. November ist der Festtag aller Heiligen (Allerheiligen); dann das Fest des Heiligen Martin – ihm zu Ehren ziehen wir mit bunten Laternen durch die Straßen; die Heilige Elisabeth, deren Tag wir am 19. November begehen. Und natürlich begegnen sie uns dann im Dezember: allen voran der Heilige Nikolaus. Aber vielleicht kennt ihr auch den Barbaratag (am 4. Dezember) oder ihr habt schon einmal etwas von der Heiligen Luzia gehört.
Martin, Elisabeth, Barbara, Nikolaus, Luzia – Heilige, die uns auf dem Weg durch die Adventszeit begleiten und die uns Weihnachten ein Stück näher bringen.

Kyrie

V: Du rufst immer wieder Menschen in Deine Nachfolge – Herr, erbarme Dich.

A: Herr, erbarme Dich.

V: Du schenkst Kraft und Zuversicht zum Helfen und Teilen – Christus, erbarme dich.

A: Christus, erbarme dich.

V: Du zeigst Wege, die Not der Menschen zu lindern. – Herr, erbarme Dich.

A: Herr, erbarme dich

Gebet

L: Barmherziger Gott, die Heiligen haben viel Gutes getan, sie haben Menschen in Not geholfen und sind sogar für ihren Glauben verfolgt worden. Lass uns erkennen, wie wir dir in unserem Leben nachfolgen können. Darum bitten wir durch Jesus, unsern Herrn. Amen.

Lesung

(Epheser 4, 24–25.29.32–5,2)

Aus dem Brief an die Epheser

Zieht den neuen Menschen an, der nach dem Bild Gottes geschaffen ist in wahrer Gerechtigkeit und Heiligkeit. Legt deshalb die Lüge ab, und redet untereinander die Wahrheit; denn wir sind als Glieder miteinander verbunden. Über eure Lippen komme kein böses Wort, sondern nur ein gutes, das den, der es braucht, stärkt, und dem, der es hört, Nutzen bringt. Seid gütig zueinander, seid barmherzig, vergebt einander, weil auch Gott euch durch Christus vergeben hat. Ahmt Gott nach als seine geliebten Kinder, und liebt einander, weil auch Christus uns geliebt und sich für uns hingegeben hat als Gabe und als Opfer, das Gott gefällt.

Wort des lebendigen Gottes

Antwortgesang

Mache dich auf und werde Licht (als Kanon) TROU 507

Evangelium

(Matthäus 25,34–40)

Aus dem heiligen Evangelium nach Matthäus

(In jenen Tagen) wird der König denen auf der rechten Seite sagen: Kommt her, die ihr von meinem Vater gesegnet seid, nehmt das Reich in Besitz, das seit der

Erschaffung der Welt für euch bestimmt ist. Denn ich war hungrig, und ihr habt mir zu essen gegeben; ich war durstig, und ihr habt mir zu trinken gegeben; ich war fremd und obdachlos, und ihr habt mich aufgenommen; ich war nackt, und ihr habt mir Kleidung gegeben; ich war krank, und ihr habt mich besucht; ich war im Gefängnis, und ihr seid zu mir gekommen. Dann werden ihm die Gerechten antworten: Herr, wann haben wir dich hungrig gesehen und dir zu essen gegeben, oder durstig und dir zu trinken gegeben? Und wann haben wir dich fremd und obdachlos gesehen und aufgenommen, oder nackt und dir Kleidung gegeben? Und wann haben wir dich krank oder im Gefängnis gesehen und sind zu dir gekommen? Darauf wird der König ihnen antworten: Amen, ich sage euch: Was ihr für einen meiner geringsten Brüder getan habt, das habt ihr mir getan.
Frohe Botschaft unseres Herrn Jesus Christus

Katechese

K: Liebe Gemeinde! Liebe Kinder!
Viele Heilige haben so gehandelt, wie wir es gerade gehört haben: Den Hungernden haben sie zu essen gegeben, den Durstigen zu trinken. Sie haben ihre Kleidung geteilt, sind zu den Verfolgten gegangen oder haben Kranke besucht und gepflegt.
Kinder werden uns nun etwas aus dem Leben einiger Heiliger berichten:

Kinder kommen mit Requisiten der Heiligen nach vorne.

Kind 1: *mit einem roten Tuch/Umhang (Martin):*
Ich möchte an den Heiligen Martin erinnern.
Ich finde es toll, wie er damals dem Bettler geholfen hat. Seinen schönen, warmen Mantel hat er durchgeschnitten und eine Hälfte abgegeben. Er hat sich gar nicht darum geschert, was wohl die anderen Soldaten dazu sagen würden. Und nach diesem Erlebnis wollte er auch gar kein Soldat mehr sein. Er hat sich taufen lassen und ist später Bischof von Tours geworden.

Kind 2: *mit einem Brot (Elisabeth):*

Ich möchte an die Heilige Elisabeth erinnern.

Mir gefällt an ihr, dass sie sich so sehr um die Armen und Kranken gekümmert hat, obwohl sie doch eine echte Adlige war und in einem Schloss gelebt hat. Sie hat sich sogar dann noch auf den Weg zu den Armen gemacht, als es für sie lebensgefährlich wurde. Einmal wäre sie fast erwischt worden. Es heißt, das Brot in ihrem Korb hätte sich in Rosen verwandelt, damit ihr nichts geschieht. Sie war wirklich eine starke Frau!

Liedruf Ich will meine Freude teilen

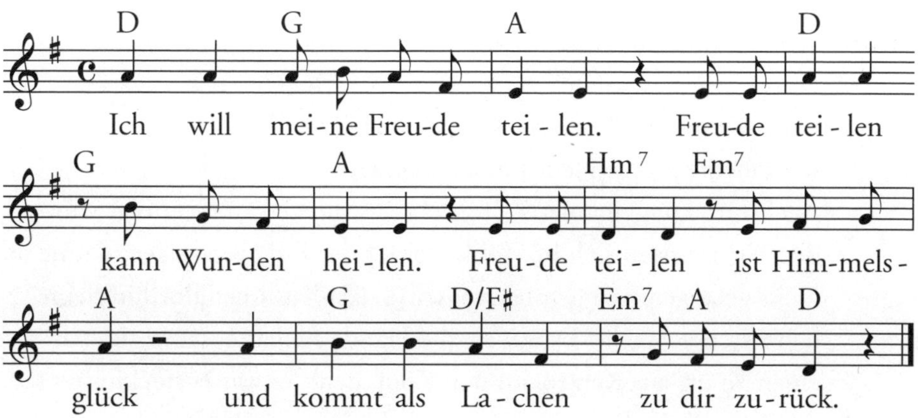

T: Hans-Jürgen Netz – M: Reinhard Horn aus Buch / CD ‚Fünf Minimusicals' – ‚Elisabeth-Spiel'© KONTAKTE Musikverlag 59557 Lippstadt

Kind 3: *mit einem Kirschbaumzweig (Barbara)*

Ich möchte an die Heilige Barbara erinnern.

Sie hat in einer Zeit gelebt, in der es richtig gefährlich war, Christ zu sein. Die Christen wurden wegen ihres Glaubens verfolgt. Und genau das ist der heiligen Barbara passiert. Dennoch hat sie sich nicht von ihrem Glauben abbringen lassen. Dafür wurde sie sogar getötet. In einer Legende wird berichtet, dass sie im Gefängnis einen dürren Zweig fand, den sie in Wasser stellte. Und am Tag, als sie getötet wurde, hat dieser Zweig Blüten getragen, so als wollte er Barbara die Angst vor dem Tod nehmen. Wenn man am Barbaratag einen Zweig von einem Obstbaum abschneidet und diesen in eine Vase mit Wasser stellt, dann blüht der Zweig an Weihnachten.

Kind 4: *mit einer Mitra oder Bischofsstab (Nikolaus)*
Ich möchte an den Heiligen Nikolaus erinnern.
Er war Bischof in Myra, das liegt in der heutigen Türkei. Es gibt viele Geschichten über den Heiligen Nikolaus, und immer geht es darum, wie Nikolaus den Menschen geholfen hat. Er muss ein prima Bischof gewesen sein, der sich um alle gekümmert hat, die in Not waren. Deshalb freuen wir uns heute noch auf den Nikolaus-Abend. Nicht umsonst ist er als Freund der Kinder bekannt.

Liedruf Ich will meine Freude teilen

Kind 5: *mit einer Kerze oder einem Kerzenkranz (Luzia)*
Ich möchte an die Heilige Luzia erinnern.
Auch Luzia hat zu einer Zeit gelebt, als die Christen verfolgt wurden. Sie mussten sich in Höhlen unter der Erde verstecken, damit sie nicht gefangen und getötet werden. Luzia hat ihnen dorthin heimlich Essen gebracht. Damit sie die Hände freihatte, setzte sie sich einen Kranz aus Kerzen auf den Kopf, denn es war ja stockfinster unter der Erde. Es war sehr gefährlich, denen zu helfen, aber sie hat es trotzdem getan. Das war ganz schön mutig von ihr.

Kind 6: *kommt mit einem zur „guten Tat" passenden Gegenstand (siehe Hinweise) nach vorne.*
K: Na, an wen möchtest du denn erinnern?
Kind 6: Och, eigentlich an niemanden.
K: Und was kannst du uns erzählen?
Kind 6: Na, ja, also ich bin *der/die N.N.*
Eigentlich bin ich ein ganz normales Kind. Ich spiele gerne *Fußball/am PC/ mit meinen Freunden … (zählt einige Hobbys auf).*
Ja, und dann kann ich einigermaßen Blockflöte spielen, und letzte Woche, da hab ich mich getraut, *im Altenheim/auf dem Seniorennachmittag* vorzuspielen …
oder:

Ich hab letzte Woche mit meiner Mama Plätzchen gebacken. Und da ist mir eingefallen, dass in unserer Straße eine alte Frau ganz alleine wohnt. Und ich dachte, die würde sich bestimmt über ein paar Plätzchen freuen – und so hab ich ihr welche gebracht.
oder …

K: Vielen Dank, *N.N*, das find ich wirklich prima, was du uns da erzählt hast. Mit *deiner Flöte/deinen Plätzchen/…* hast du uns etwas ganz Wichtiges gezeigt:
Wir sind zwar keine Heiligen, aber dennoch kann jede und jeder von uns anderen eine Freude machen.
Auch wir können etwas abgeben, von dem, was wir haben.
Auch wir können anderen helfen.
Auch wir können uns um andere kümmern.
So ein bisschen können auch wir wie die Heiligen sein.
Auch wir können unsere Freude teilen.

Während das Lied noch einmal gesungen wird, legen die Kinder ihre Requisiten auf dem Tuch vor dem Altar ab.

Liedruf Ich will meine Freude teilen

Credo

L: Die Heiligen haben ihren Glauben an Gott in besonderen Taten und Worten verkündet. Dieser Glaube verbindet uns untereinander und mit der Gemeinschaft aller Heiligen.
So lasst uns nun unseren gemeinsamen Glauben bekennen!

A: Ich glaube an Gott, den Vater, den Allmächtigen, den Schöpfer des Himmels und der Erde, und an Jesus Christus, seinen eingeborenen Sohn, unsern Herrn, empfangen durch den Heiligen Geist, geboren von der Jungfrau Maria, gelitten unter Pontius Pilatus, gekreuzigt, gestorben und begraben, hinabgestiegen in das Reich des Todes, am dritten Tage auferstanden von den Toten, aufgefahren in den Himmel; er sitzt zur Rechten Gottes, des allmächtigen Vaters; von dort wird er kommen, zu richten die Lebenden und die Toten.

Ich glaube an den Heiligen Geist, die heilige katholische Kirche, Gemeinschaft der Heiligen, Vergebung der Sünden, Auferstehung der Toten und das ewige Leben. Amen.

Fürbitten

L: Gott, du willst das Heil aller Menschen. Dir bringen wir unsere Bitten:

1. Wir bitten dich für alle Christen, dass sie sich zu dir bekennen und versuchen, in den Anforderungen ihres Alltags ihren Glauben zu leben. Du Gott des Heils –

A: Wir bitten dich, erhöre uns.

2. Wir bitten dich für alle Hungernden und Verfolgten, dass ihnen Menschen begegnen, die ihre Not lindern. Du Gott des Heils –

A: Wir bitten dich, erhöre uns.

3. Wir bitten dich für die Einsamen und Traurigen, für die Kranken und Sterbenden, dass Menschen an ihrer Seite sind, die ihnen beistehen. Du Gott des Heils –

A: Wir bitten dich, erhöre uns.

4. Wir bitten dich für unsere Familien, dass wir in ihnen Liebe schenken und empfangen. Du Gott des Heils –

A: Wir bitten dich, erhöre uns.

5. Wir bitten dich für unsere Verstorbenen, dass sie das ewige Leben bei dir haben. Du Gott des Heils –

A: Wir bitten dich, erhöre uns.

6. In einer kurzen Stille bitten wir dich für das, was uns auf dem Herzen liegt, was uns bedrückt und wofür wir beten wollen. – *Stille* – Du Gott des Heils –

A: Wir bitten dich, erhöre uns.

L: Gott, du kennst die Not der Menschen. Schenke dein Heil und deinen Segen. Darum bitten wir dich durch Jesus, deinen Sohn, der mit uns lebt und liebt bis in alle Ewigkeit. Amen.

EUCHARISTIEFEIER

Lieder

Zur Gabenbereitung: Wenn das Brot, das wir teilen TROU 193
Sanctus: Herr, du bist heilig TROU 250

Meditation nach der Kommunion

V: Schenke uns Mut, dass wir wie Martin teilen mit denen, die in Not sind.
Öffne unsere Hände, dass wir wie Elisabeth denen helfen, denen es nicht so gut geht wie uns.
Schenke uns Vertrauen, dass wir wie Barbara an unserem Glauben festhalten.
Öffne unsere Augen und Ohren, dass wir wie Nikolaus auf die aufmerksam werden, die unsere Hilfe brauchen.
Schenke uns Phantasie, dass wir wie Luzia Wege zu anderen Menschen finden.
Öffne unsere Herzen, dass wir, so gut wir es können, anderen Menschen Freude bereiten.

Gebet

L: Herr, unser Gott, du hast uns an deinem Tisch mit neuer Kraft gestärkt. Zeige uns Wege, wie wir unsere Gaben und Fähigkeiten so einsetzen können, dass wir uns und anderen damit Freude bereiten. Darum bitten wir dich, durch Christus, unseren Herrn. Amen.

Anregung für die Woche

K: Viele Heilige haben ein Herz gehabt für die Armen und Benachteiligten ihrer Zeit. Und sie haben ihre Kleidung, ihre Nahrung, ihre Zeit, ihre Freude mit ihnen geteilt. Wir möchten euch und Ihnen ein kleines Herz schenken, das uns daran erinnert, dass auch wir unsere Herzen öffnen können für Menschen, die Hilfe und Zuspruch benötigen. Wir können daraus einen Anhänger basteln, den wir zum Beispiel an unsere Haustür oder an Weihnachten an den Tannenbaum hängen. Der Herzanhänger kann uns dazu anregen, unsere Freude mit anderen zu teilen.

Schlusslied

Lasst euch anstiften

M: Detlev Jöcker, T: Rolf Krenzer, aus MC: Weihnachten ist nicht mehr weit,

2. Lasst euch anstiften zur Hoffnung! Lasst uns Hoffnungsstifter sein! Und es finden hier und heute viele Leute wieder Hoffnung, und kein Mensch ist mehr allein, denn Gott selbst wird bei uns sein.

3. Lasst euch anstiften zum Frieden! Lasst uns Friedensstifter sein! Und es finden hier und heute viele Leute wieder Frieden, und kein Mensch ist mehr allein, denn Gott selbst wird bei uns sein.

HERZANHÄNGER

WERDE LICHT!

ABENDGOTTESDIENST IM ADVENT

ZIELGRUPPE:

Sonntagsgemeinde (Vorbereitung mit einem Familiengottesdienstkreis und Grundschulkindern)

MATERIALIEN:

- ❑ *Adventskranz*
- ❑ *Kopien der vorzulesenden Texte*
- ❑ *Liedblätter*
- ❑ *Kerzen am Ambo als Lesehilfe*
- ❑ *Teelichter in Marmeladengläsern/Babygläschen (siehe „Hinweise")*
- ❑ *6 Opferlichtkerzen für die Fürbitten*
- ❑ *ggf. Noten des Taizé-Liedes „La ténèbre n'est point ténèbre devant toi"*
- ❑ *Papierstreifen mit Adventsgruß der Pfarrei zum Mitnehmen*

CHANCEN:

Dieser Gottesdienst sollte am Abend nach Einbruch der Dunkelheit gefeiert werden. Kerzen, die Lesungen aus der Heiligen Schrift und gemeinsames Singen laden dazu ein, Jesus als das Licht der Welt zu erwarten und in seiner Nachfolge die Welt heller zu machen.

HINWEISE:

- *Bei diesem Gottesdienst ist es besonders wichtig, dass auf die Atmosphäre geachtet wird. Wenn elektrisches Licht nötig ist, dann sollte es gedämpft werden.*
- *Zum Kyrie sollte ein der Gemeinde bekannter Liedruf auswendig gesungen werden. Es empfiehlt sich, für alle zusätzlich benötigten Lieder ein Liedblatt anzufertigen.*
- *Für eine ausreichende Anzahl an Teelichtgläsern kann im Pfarrbrief veröffentlicht werden, dass geeignete Gläser mitgebracht werden sollen.*
- *Schön ist es, wenn dieser Gottesdienst mit dem „Licht von Bethlehem" gefeiert werden kann. Dann sollte das Besondere dieses Lichtes in der Einführung dargestellt werden und z. B. beim Friedensgruß und bei der „Sendung" aufgegriffen werden. Weitere Informationen zum „Licht von Bethlehem" unter: http://www.scoutnet.de/friedenslicht/.*

Zur Einstimmung ruhige Orgelmusik bereits einige Minuten vor dem Einzug. Teelichter werden in Gläsern bereitgestellt und angezündet.

Lied zum Einzug
Das Licht einer Kerze (siehe Seite 73)

Je nach Adventswoche werden die Kerzen am Adventskranz entzündet.

Eröffnung
L: Im Namen des Vaters, und des Sohnes, und des Heiligen Geistes. Amen.

Einführung
K: Ausnahmsweise haben wir uns am Abend zu einem Familiengottesdienst versammelt. Wir wollen heute in einer besonderen Weise Licht erfahren. Licht leuchtet in der Dunkelheit. Wenn es dunkel ist, spüren und erleben wir, wie wichtig und wie schön das Licht ist. Es tut uns gut, im Dunkeln eine Kerze anzusehen: Die Kerzen am Adventskranz – sie strahlen und leuchten. Das Licht wächst im Advent von Woche zu Woche. Die Kerzen sind wie Wegweiser hin zur Heiligen Nacht. Sie zeigen uns den Weg zu Jesus, dem Licht der Welt.

Kyrie
L: Wir wollen uns besinnen und zu Beginn dieses Gottesdienstes all das vor Gott bringen, das uns hindert, sein Licht wahrzunehmen.

Sechs bis acht Kinder stellen sich im Kreis um den Adventskranz und machen zu den vorgelesenen Texten und zum Liedruf die angegebenen Bewegungen.

V: Jesus, dein Licht kommt in unsere Welt – wir aber wollen es nicht sehen und wenden uns ab.

Kinder halten eine Hand vor die Augen und drehen sich mit dem Rücken zum Adventskranz.

Liedruf: Kyrie eleison

V: Jesus, dein Licht kommt in unsere Welt – wir aber sind nur mit uns beschäftigt und kreisen um uns selbst.

Kinder drehen sich langsam auf der Stelle um die eigene Achse.

Liedruf: Christe eleison

V: Jesus, dein Licht kommt in unsere Welt – wir aber lassen uns ablenken und folgen nicht dir, sondern irgendwem.

Kinder laufen hintereinander her und entfernen sich dabei vom Adventskranz; zur Vergebungsbitte bleiben sie stehen.

Liedruf: Kyrie eleison

Vergebungsbitte

L: Der Herr nehme von uns alles, was in uns dunkel ist, damit wir mit frohem Herzen und im Licht seiner Herrlichkeit diese Feier begehen. Amen.

Kinder bilden wieder einen Kreis um den Adventskranz, fassen sich an den Händen und bleiben so stehen.

Gebet

L: Gott, in der Geburt deines Sohnes Jesus geht uns dein Licht auf. Hilf uns, dass wir auf dich zugehen und uns anstecken lassen von deiner Liebe und Wärme, darum bitten wir dich durch Jesus Christus, das Licht der Welt. Amen.

K bittet alle Kinder zu einer passenden Stelle in die Kirche (z. B. hinten). Dort erhalten sie ein brennendes Teelichtglas und stellen sich zu zweit hintereinander auf. Je nach Kirchenraum und Anzahl der Kinder ist es auch möglich, dass sich Gruppen bilden, die sich aus verschiedenen Richtungen kommend am Ambo treffen.

K: Ich möchte nun die Kinder bitten, sich *am/im … (geeignete Stelle für den*

Start der Prozession) zu versammeln. Ihr werdet dort eine kleine Kerze erhalten, die ihr gleich ganz vorsichtig nach vorne bringt. Mit dem Licht in der Hand hören wir die Lesung.

Lichterprozession mit Liedruf Auf, werde hell (siehe Seite 74)

Zum Kehrvers: „Auf, werde hell" gehen die Kinder in einer Lichterprozession langsam zum Ambo. Je nach Anzahl bilden sie dort einen Kreis (auch in mehreren Reihen möglich). Die Prozession wird von Erwachsenen oder älteren Messdienern angeführt, die langsam voranschreiten. Der Kehrvers wird so oft wiederholt, bis alle Kinder am Ambo angekommen sind. Je nach Weglänge kann das Singen auch durch instrumentale Zwischenspiele ergänzt werden.

Lesung
(Jesaja 60,1–5.18–19)
Lesung aus dem Buch Jesaja
Auf, werde licht, denn es kommt dein Licht, und die Herrlichkeit des Herrn geht leuchtend auf über dir. Denn siehe, Finsternis bedeckt die Erde und Dunkel die Völker, doch über dir geht leuchtend der Herr auf, seine Herrlichkeit erscheint über dir. Völker wandern zu deinem Licht und Könige zu deinem strahlenden Glanz. Blick auf und schau umher: Sie alle versammeln sich und kommen zu dir. Deine Söhne kommen von fern, deine Töchter trägt man auf den Armen herbei. Du wirst es sehen, und du wirst strahlen, dein Herz bebt vor Freude und öffnet sich weit. Denn der Reichtum des Meeres strömt dir zu, die Schätze der Völker kommen zu dir. Man hört nichts mehr von Unrecht in deinem Land, von Verheerung und Zerstörung in deinem Gebiet. Deine Mauern nennst du „Rettung" und deine Tore „Ruhm". Bei Tag wird nicht mehr die Sonne dein Licht sein, und um die Nacht zu erhellen, scheint dir nicht mehr der Mond, sondern der Herr ist dein ewiges Licht, dein Gott dein strahlender Glanz.
Wort des lebendigen Gottes

Lied mit Bewegung der Kinder Auf, werde hell (siehe Seite 74)

K: Mit unserem Licht in der Hand wollen wir nun das Lied „Auf, werde hell" auch mit den Strophen gemeinsam singen und hier vorne mit kleinen Bewegungen darstellen.

Die Kinder bewegen sich zum Lied. Es genügt, wenn zwei Erwachsene die angegebenen Bewegungen im Kreis vormachen. Es soll nichts eingeübt oder angesagt werden.

Auf, werde hell, dein Licht ist da!

Hände mit dem Teelichtglas langsam nach oben erheben

Freu dich, ja, freu dich, denn Gott ist nah!

im Takt hin- und herbewegen

Zu den einzelnen Strophen

Hände vor die Körpermitte senken und langsam im Kreis gehen

Zum Kehrvers bleiben alle wieder stehen, wenden sich der Mitte zu und wiederholen die oben beschriebenen Bewegungen.

Nach dem Lied gehen die Kinder mit ihren Teelichtgläsern an ihren Platz zurück.

Evangelium
(Lukas 1,68–79)
Aus dem heiligen Evangelium nach Lukas
Gepriesen sei der Herr, der Gott Israels! Denn er hat sein Volk besucht und ihm Erlösung geschaffen; er hat uns einen starken Retter erweckt im Hause seines Knechtes David. So hat er verheißen von alters her durch den Mund seiner heiligen Propheten. Er hat uns errettet vor unseren Feinden und aus der Hand aller, die uns hassen; er hat das Erbarmen mit den Vätern an uns vollendet und an seinen heiligen Bund gedacht, an den Eid, den er unserm Vater Abraham geschworen hat; er hat uns geschenkt, dass wir, aus Feindeshand befreit, ihm furchtlos dienen in Heiligkeit und Gerechtigkeit vor seinem Angesicht all unsre Tage. Und du, Kind, wirst Prophet des Höchsten heißen; denn du wirst dem Herrn vorangehen und ihm

den Weg bereiten. Du wirst sein Volk mit der Erfahrung des Heils beschenken in der Vergebung der Sünden. Durch die barmherzige Liebe unseres Gottes wird uns besuchen das aufstrahlende Licht aus der Höhe, um allen zu leuchten, die in Finsternis sitzen und im Schatten des Todes, und unsre Schritte zu lenken auf den Weg des Friedens.
Frohe Botschaft unseres Herrn Jesus Christus

Lied
Gottes Wort ist wie Licht in der Nacht (siehe Seite 75)

Überleitung zu den Fürbitten
K: Jede und jeder von uns kennt die Erfahrung von Dunkelheit. Es kann nicht nur *um uns* herum, es kann auch *in uns* dunkel sein. Wie ist das, wenn es *in uns* dunkel ist? Vielleicht sind wir krank, vielleicht haben wir Angst, vielleicht fühlen wir uns einsam oder enttäuscht. Etwas bedrückt uns, macht uns das Leben schwer. Nicht umsonst ist schwarz die Farbe der Trauer. Wir wollen heute besonders darum beten, dass Gottes Licht zu allen Menschen kommt, die „im Dunkeln", „in der Finsternis sitzen" – wie es im Evangelium heißt. In der Hoffnung, dass ihr Leben heller wird, wollen wir für sie Kerzen am Opferstock aufstellen.

Fürbitten
Kerzen werden am Adventskranz entzündet und jeweils während des Liedes zum Opferstock gebracht und dort aufgestellt.

1. Kind: Mein Licht brennt für alle, die krank sind.
2. Kind: Mein Licht brennt für alle, die große Sorgen haben.

Liedruf Tragt in die Welt nun ein Licht DIR 140

3. Kind: Mein Licht brennt für alle, die Verantwortung für andere Menschen tragen.
4. Kind: Mein Licht brennt für alle, die einsam sind.

Liedruf Tragt in die Welt nun ein Licht

5. Kind: Mein Licht brennt für alle, die keine Hoffnung mehr haben.
6. Kind: Mein Licht brennt für alle, die sich nach Licht und Wärme sehnen.

Liedruf Tragt in die Welt nun ein Licht

7. Kind: Mein Licht brennt für alle, die um einen Menschen trauern.
8. Kind: Mein Licht brennt für alle Verstorbenen.

Liedruf Tragt in die Welt nun ein Licht

L: Guter Gott, wir erwarten dein Licht. Lass es allen leuchten, die in Finsternis sitzen und im Schatten des Todes, und lenke unsere Schritte auf den Weg des Friedens. Darum bitten wir dich, durch Christus, unseren Bruder und Herrn. Amen.

EUCHARISTIEFEIER

Lieder

Zur Gabenbereitung: Im Advent, im Advent (siehe Seite 76)
Sanctus: Sanctus (Taizé) im Kanon DIR 88
Zum Friedensgruß: Ein Licht geht uns auf in der Dunkelheit DIR 212

Während der Kommunion: Orgel- oder sonstige Instrumentalimprovisation zu dem Taizé-Lied: „La ténèbre n'est point ténèbre devant toi"

Anregung für die Woche

K: Die Liedzettel können Sie mit nach Hause nehmen. Vielleicht findet sich in den nächsten Wochen hin und wieder Zeit, am Adventskranz oder bei einer Kerze zu singen.
Und wir möchten Sie und euch zusätzlich einladen, ein Licht mitzunehmen. Sie können es mit nach Hause nehmen und dort vielleicht ins Fenster stellen. Sie können es aber auch mit einem Adventsgruß der Pfarrei zu jemandem bringen, dem ein kleines Licht gerade gut tut. Vielleicht fällt Ihnen

jemand ein, der alleine wohnt, der krank ist, der traurig ist. So kann sich das Licht aus dieser Feier in unserem Ort/Stadtteil verteilen und auch anderen Menschen Freude bereiten.

Segen

L: Der Herr segne euch und behüte euch.
Der Herr lasse sein Angesicht über euch leuchten und sei euch gnädig.
Der Herr wende euch sein Angesicht zu und schenke euch Frieden.
So segne euch der Gott unseres Lebens, der Vater, der Sohn und der Heilige Geist.

A: Amen.

Schlusslied

Mache dich auf und werde licht DIR 136

An den Ausgängen stehen Teelichtgläser und kleine Papierstreifen zum Mitnehmen.

****

Was dunkel ist, werde licht!

Eine gesegnete Advents- und Weihnachtszeit
wünscht die katholische Pfarrgemeinde.

****

Das Licht einer Kerze

2. Wir zünden zwei Kerzen jetzt am Adventskranz an.
Und die beiden Kerzen sagen's allen dann:
Lasst uns alle hoffen hier und überall,
hoffen voll Vertrauen auf das Kind im Stall.

3. Es leuchten drei Kerzen so hell mit ihrem Licht.
Gott hält sein Versprechen. Er vergisst uns nicht.
Lasst uns ihm vertrauen hier und überall.
Zeichen seiner Liebe ist das Kind im Stall.

4. Vier Kerzen hell strahlen durch die Dunkelheit.
Gott schenkt uns den Frieden. Macht euch jetzt bereit.
Gott ist immer bei uns hier und überall.
Darum Lasst uns loben unsern Herrn im Stall.

Auf, werde hell

T/M: Kathi Stimmer-Salzeder

2. Alle die Finsternis, die uns so quält, er nimmt sie auf sich, er hat uns erwählt.
3. Fest ist die Straße, die er uns baut. Blühn soll die Wüste und Jubel wird laut.

Gottes Wort ist wie Licht in der Nacht

T: Pfarrer Hans-Hermann Bittger – M: Kanon für zwei Stimmen, Joseph Jacobs 1935 © T: Bistum Essen, M: Rechtsnachfolger des Urhebers

Im Advent, im Advent

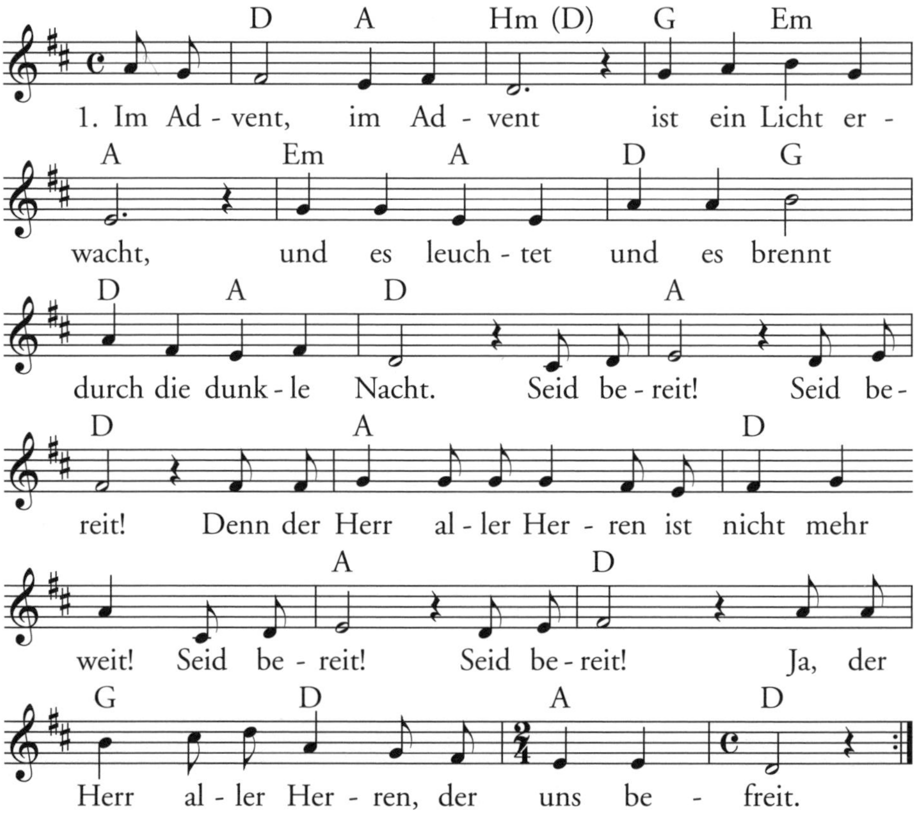

2. Im Advent, im Advent, ist das Licht erwacht,
und es leuchtet und es brennt durch die dunkle Nacht.
Seid bereit! Seid bereit! Denn der König des Friedens ist nicht mehr weit.
Seid bereit! Seid bereit! Ja, der König des Friedens, der uns befreit.

3. Im Advent, im Advent ist das Licht erwacht,
und es leuchtet und es brennt durch die dunkle Nacht.
Seid bereit! Seid bereit! Gottes Sohn, unser Bruder ist nicht mehr weit.
Seid bereit! Seid bereit! Gottes Sohn, unser Bruder, der uns befreit.

4. Denn es geht im Advent um ein heller Schein.
Wenn er leuchtet, wenn er brennt, wird er in uns sein.
Nicht mehr weit! Nicht mehr weit! Gottes Kind in der Krippe, das uns befreit.
Nicht mehr weit! Nicht mehr weit! Gottes Kind in der Krippe! Drum seid bereit.

LITERATURTIPPS

Becker-Huberti, Manfred, Lexikon der Bräuche und Feste. Über 3000 Stichwörter mit Infos, Tipps und Hintergründen für das ganze Jahr, Herder-Verlag, Freiburg 2000.

Der Andere Advent, Andere Zeiten e.V., Initiativen zum Kirchenjahr, Hamburg.

Ehlert, Thomas, Der Adventskranz und seine Geschichte, Agentur des Rauhen Hauses, Hamburg, 2006.

Horn, Reinhard/Netz, Hans-Jürgen, Fünf Minimusicals zur Advents-und Weihnachtszeit. Martin, Elisabeth, Nikolaus und zwei Krippenspiele, Kontakte Musikverlag, Lippstadt 2006.

Krenzer, Rolf, Geschichten im Advent, Lahn-Verlag, Limburg 1990.

Oosterhuis, Huub, Du bist der Atem und die Glut. Gesammelte Meditationen und Gebete, Herder-Verlag, Freiburg 1994.

Orth, Peter, Wo wir uns zuhause fühlen. Familiengottesdienste zum Kirchenjahr und anderen Anlässen, Kösel-Verlag, München 2005 (darin: 22 Regeln für die Gestaltung von Familiengottesdiensten).

Schmeisser, Martin (Hg.), Gesegnetes Leben. Segensworte für den Tag, das Jahr und den Weg des Lebens, Verlag am Eschbach der Schwabenverlag AG, 5. Auflage 2004.

Zenetti, Lothar, Auf Seiner Spur. Texte gläubiger Zuversicht (Topos Plus 327) Matthias-Grünewald-Verlag der Schwabenverlag AG Ostfildern, 4. Auflage 2006.

INTERNETLINKS

www. agentur-rauhes-haus.de
www. anderezeiten.de
www. erzabtei-beuron.de/liturgie/index.php
www. scoutnet.de/friedenslicht

WEITERE WERKBÜCHER IN DER REIHE „GEMEINDE LEBEN“

Praktische Arbeitshilfen für die Gemeinde – herausgegeben von Klaus Vellguth.
Format: je 17,0 x 24,0 cm, je 80 Seiten, Kartoniert.

Gerlinde Lohmann
Kindergottesdienste
Mit Symbolen den Glauben feiern
ISBN 978-3-451-28972-9

Daniela Stege-Gast
Sankt Martin feiern
in Kindergarten, Schule und Gemeinde
ISBN 978-3-451-29175-3

Burkhard R. Knipping (Hrsg.)
Nikolaus feiern
in Kindergarten, Schule und Gemeinde
ISBN 978-3-451-32078-1

Gerlinde Lohmann
Krippenspiele
in Kindergarten, Schule und Gemeinde
ISBN 978-3-451-32077-4

Beate Brielmaier
Kinderbibeltage
Neue Wege zu wichtigen Geschichten
ISBN 978-3-451-28971-2

Iris Windheuser
Unterwegs zur Erstkommunion
Spiele, Rätsel und Bastelanleitungen
ISBN 978-3-451-29174-6

Susanne Moll
Jugendgottesdienste
Modelle und Impulse
ISBN 978-3-451-29497-6

Erich Schredl
Früh- und Spätschichten
Andachten in der Fasten- und Osterzeit
ISBN 978-3-451-28970-5

Andrea Kett
Frauengottesdienste gestalten
Feiern mitten aus dem Leben
ISBN 978-3-451-29499-0

Patrik C. Höring
Ministrantenstunden
Bausteine und Ideen
ISBN 978-3-451-32017-0

Diana Güntner
Meditationen für Frauengruppen
Impulse im Jahreskreis
ISBN 978-3-451-32071-2

Elfi Eichhorn-Kösler / Bernhard Kraus
Advents- und Weihnachtsfeiern mit Senioren
Mit CD-ROM
ISBN 978-3-451-32223-5

In jeder Buchhandlung!

HERDER